中国票据市场研究

（2020年第4辑　总第5辑）

中国票据研究中心　编

中国金融出版社

责任编辑：黄海清　白子彤
责任校对：李俊英
责任印制：程　颖

图书在版编目（CIP）数据

中国票据市场研究．2020．第4辑／中国票据研究中心编．—北京：中国金融出版社，2021.3

ISBN 978-7-5220-1027-4

Ⅰ．①中…　Ⅱ．①中…　Ⅲ．①票据市场—中国—文集　Ⅳ．①F832.5-53

中国版本图书馆CIP数据核字（2021）第026771号

中国票据市场研究．2020．第4辑
ZHONGGUO PIAOJU SHICHANG YANJIU．2020．DI_4 JI

出版发行　中国金融出版社
社址　北京市丰台区益泽路2号
市场开发部　（010）66024766，63805472，63439533（传真）
网上书店　www.cfph.cn
（010）66024766，63372837（传真）
读者服务部　（010）66070833，62568380
邮编　100071
经销　新华书店
印刷　保利达印务有限公司
尺寸　185毫米×260毫米
印张　10
字数　150千
版次　2021年3月第1版
印次　2021年3月第1次印刷
定价　49.00元
ISBN 978-7-5220-1027-4
如出现印装错误本社负责调换　联系电话（010）63263947

目　录

市场运行

2020年第三季度
票据市场运行情况

上海票据交易所

第三季度，票据市场业务总量33.48万亿元，同比增长1.94%。其中，签发承兑4.83万亿元，同比下降3.06%；背书11.33 万亿元，下降5.68%；贴现2.47万亿元，下降17.95%；交易14.44万亿元，增长15.34%。转贴现和贴现加权平均利率分别为2.75%和3.08%，较上个季度分别上升29个和41个基点。

一、票据市场运行的宏观背景

第三季度，经济运行延续了稳步恢复的态势，前三季度GDP累计增速、固定资产投资与货物进出口总额增速等多个指标年内首次由负转正，经济韧性和潜力进一步彰显。但当前国外新冠肺炎疫情和世界经济形势依然复杂严峻，我国经济的可持续恢复和高质量发展仍面临挑战。

货币政策保持稳健取向，更注重灵活适度和精准导向。央行综合运用和创新多项货币政策工具，保持了流动性的合理充裕，有效发挥了结构性工具的精准滴灌作用，更加突出政策的"直达性"。9月末，社会融资规模存量280.07万亿元，同比增长13.5%。具体来看，对实体经济发放的人民币贷款余额168.26万亿元，增长13.2%；普惠小微贷款余额14.6万亿元，增长29.6%[①]。前三季度企

① 数据来源：中国人民银行，2020年第三季度金融统计数据新闻发布会。

业债券净融资4.1万亿元，同比增长67.5%；企业境内股票融资0.6万亿元，增长160.5%；政府债券净融资6.73万亿元，增长68.8%。

第三季度，央行政策利率与贷款市场报价利率保持稳定，市场利率围绕央行政策利率小幅上行。从货币市场看，9月末银行间存款类金融机构质押式7天期回购利率（DR007）为2.45%，较6月末上升15个基点；1个月和3个月的Shibor利率分别为2.68%和2.69%，较6月末上升60个和57个基点。从债券市场看，9月末国债、政策性金融债、企业债（AAA级）和中短期票据（AAA级）各关键期限点收益率较6月末平均上行44个、55个、38个和39个基点。

二、票据市场重要事件回顾

（一）标准化票据业务开局良好

在人民银行《标准化票据管理办法》正式实施当日，上海票据交易所（以下简称票交所）、外汇交易中心、上海清算所联合发布《标准化票据信息披露规则》和《标准化票据基础资产托管结算规则》，为标准化票据业务平稳落地提供了有力支持。截至9月末，累计已有15家存托机构的53单标准化票据创设成功，创设规模合计约49.07亿元。标准化票据的成功创设和拓展，有效推进了票据市场与债券市场的联动，为金融支持稳企业保就业增添新动力。

（二）供应链票据平台完成优化升级

供应链票据平台于2020年10月初完成系统优化升级，新增供应链票据存托、转贴现、到期处理和线上清算等功能。目前，票交所已提供供应链票据的签发、流转、保证、贴现、转贴现和到期处理等全流程线上业务功能，有利于推动企业应收账款票据化，提升票据市场服务实体经济质效，助力票据市场高水平发展。

三、票据市场运行总体情况

（一）签发承兑余额同比增长，商票占比有所上升

9月末，全市场承兑未到期金额13.91万亿元，较上年同期增长11.88%。第三季度，全市场累计承兑商业汇票4.83万亿元，同比下降3.06%，其中，银行承兑汇票累计3.98万亿元，占比82.42%；商业承兑汇票累计0.85万亿元，占比17.58%，商票占比较上年同期上升3.44个百分点。

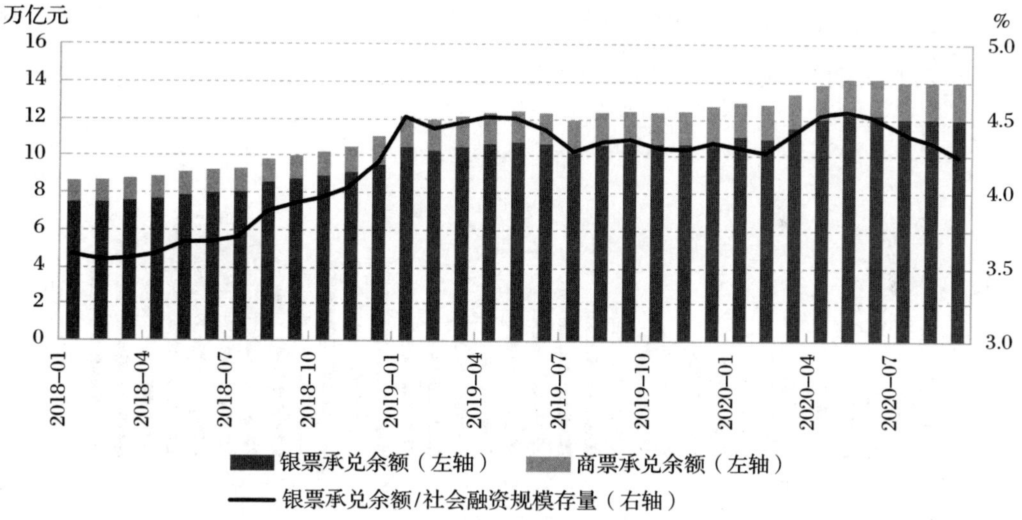

图1　票据承兑在社会融资规模中的占比变化

（二）企业票据背书较为活跃

第三季度，全市场累计背书11.33万亿元，同比下降5.68%，较上季度基本持平，这一趋势与下半年以来宏观经济企稳回升、企业生产经营向好较为一致。

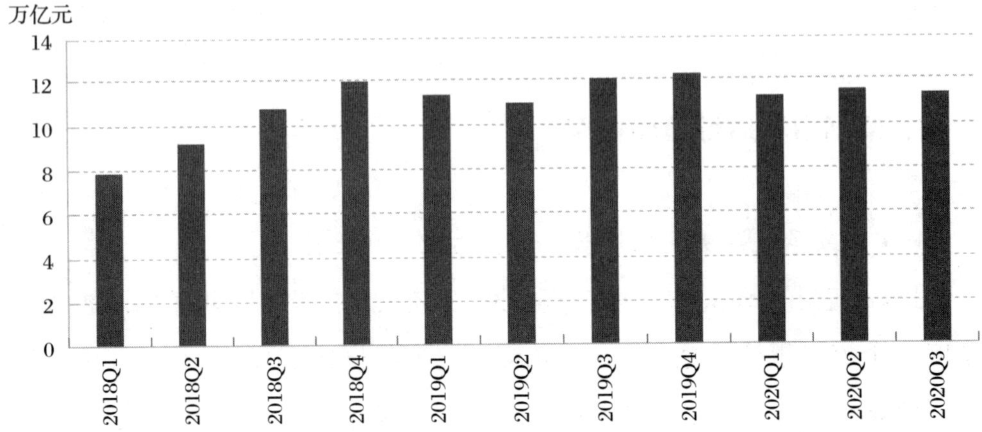

图2 票据背书量增长情况

（三）票据贴现余额同比增长

9月末，全市场票据贴现余额8.94万亿元，较上年同期增长10.02%。第三季度，全市场累计贴现2.47万亿元，同比下降17.95%。

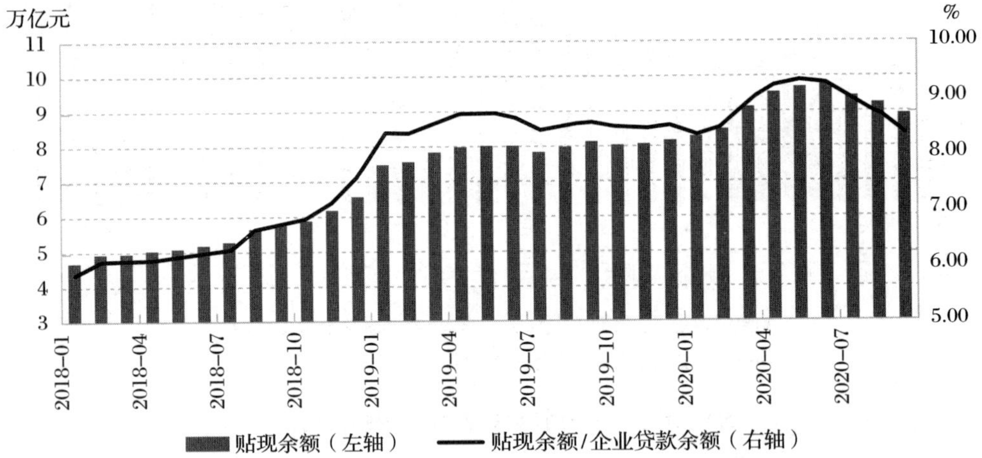

图3 票据贴现余额在企业贷款余额中的占比变化

（四）中西部地区用票占比有所回升

第三季度，东部地区用票金额[①]11.42万亿元，占比61.26%，同比下降

① 用票金额指承兑、背书和贴现发生额合计数。

1.81个百分点；中部地区和西部地区分别为3.35万亿元和2.95万亿元，占比为17.98%和15.85%，同比上升0.98个和1.45个百分点；东北地区为9150.02亿元，占比4.91%，同比下降0.62个百分点。

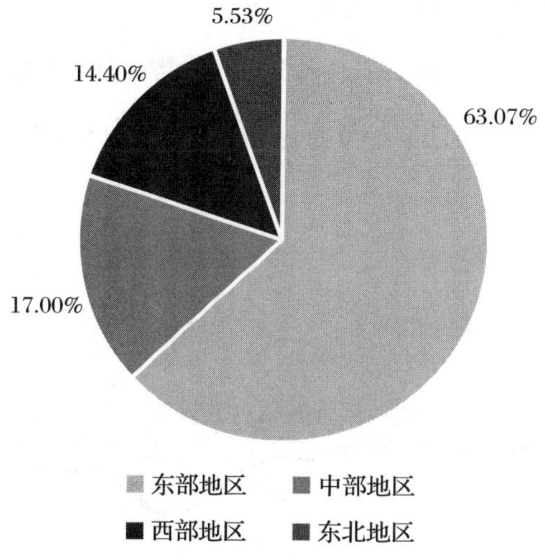

图4 2019年第三季度分地区用票金额占比

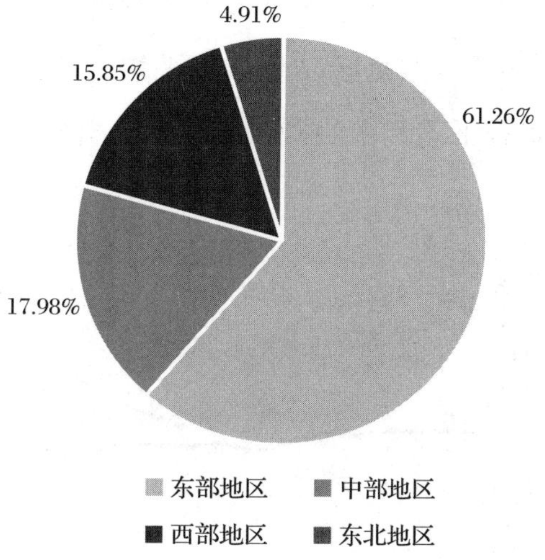

图5 2020年第三季度分地区用票金额占比

（五）市场交易量同比增长，回购交易较为活跃

第三季度，全市场累计交易商业汇票14.44万亿元，同比增长15.34%。其

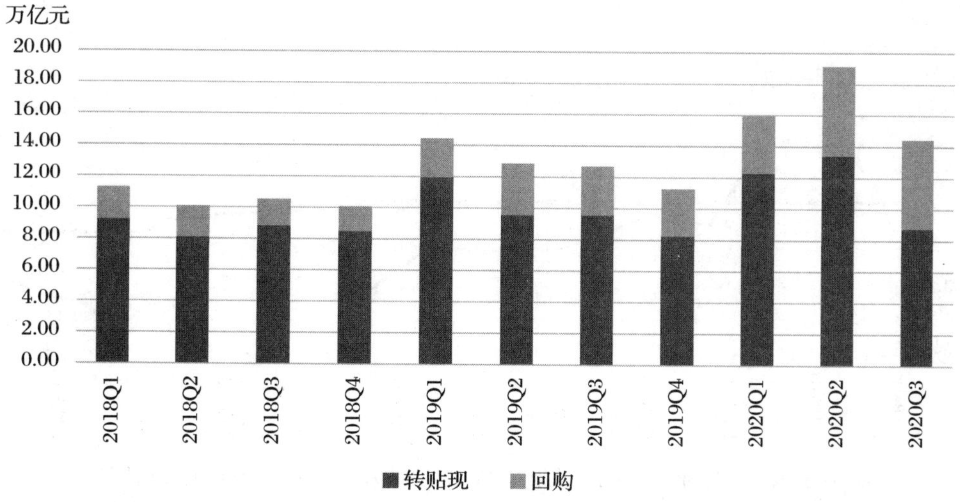

图6 2018年以来票据市场交易量变化情况

中，转贴现交易量为8.75万亿元，同比下降7.1%；全市场回购量为5.69万亿元，同比增长83.43%，占交易量的比重为39.4%，同比提高14.64个百分点。

（六）票据市场利率整体抬升，与货币市场利率走势一致

9月，票据转贴现加权平均利率为2.89%，较6月上升33个基点；质押式回购加权平均利率2.06%，较6月上升8个基点；票据贴现加权平均利率为3.24%，

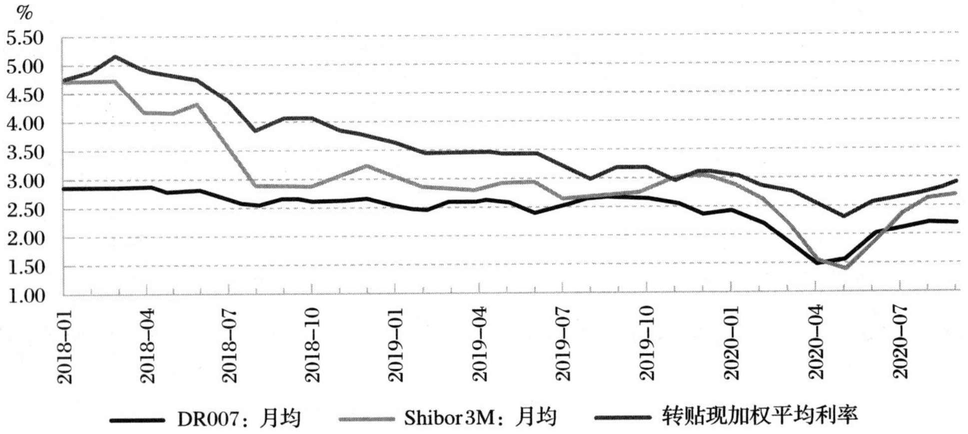

图7 2018年以来票据转贴现加权平均利率走势

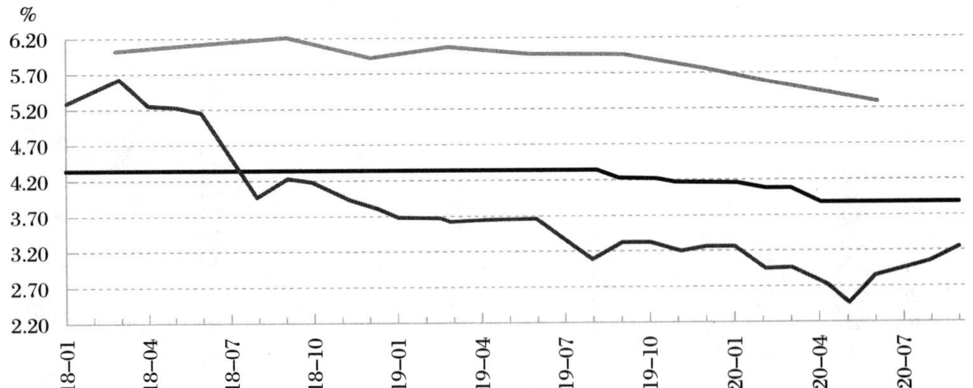

图8 2018年以来票据贴现利率走势

较6月上升41个基点。票据贴现利率与交易端利率走势一致，下半年以来总体呈现出逐月回升的发展态势，但仍较同期1年期贷款市场报价利率（LPR）低61个基点。

四、市场展望

总体上，第三季度票据市场运行总体平稳，各项业务同比增长，票据利率随货币市场利率同步上升。下一阶段，在各项政策趋于中性稳健、业务产品更加契合企业需求的情况下，票据市场发展所面临的内外部环境将进一步优化，全年票据市场业务总量有望实现稳中有增。

2020年第三季度票据交易运行情况

上海票据交易所

本文从票据交易量、交易品种结构和期限结构、利率走势变化、交易主体类型等角度对2020年第三季度票据交易情况进行了分析。

■ 2020年第三季度票据交易总体平稳，交易量同比增长15.34%，每月日均交易量均在3000亿元以下。

■ 在交易品种和期限结构方面，转贴现交易占比60.57%，期限结构以半年期与足年期为主；质押式回购交易量大幅增长，占比接近四成，期限结构以隔夜与7天为主。

■ 在交易利率方面，转贴现利率和质押式回购利率总体上升，月内存在波动。

■ 在交易主体类型方面，股份制商业银行和非法人产品交易量占比同比下降，国有商业银行、农村金融机构和非银行类会员交易量占比同比上升。

一、2020年第三季度票据交易总体平稳

2020年第三季度票据交易量为14.44万亿元，同比增长15.34%。从票据介质来看，电票交易量为14.44万亿元，同比增长15.53%，占比99.99%；纸票交易量

为2.02亿元，同比下降99.02%，占比不足0.01%。从每月交易量变化情况来看，7月交易量为5.19万亿元，同比增加0.04万亿元；8月交易活跃度有所降低，交易量为4.36万亿元，较7月减少0.83万亿元，但同比仍增长16.56%；9月交易量为4.88万亿元，同比增长34.67%。

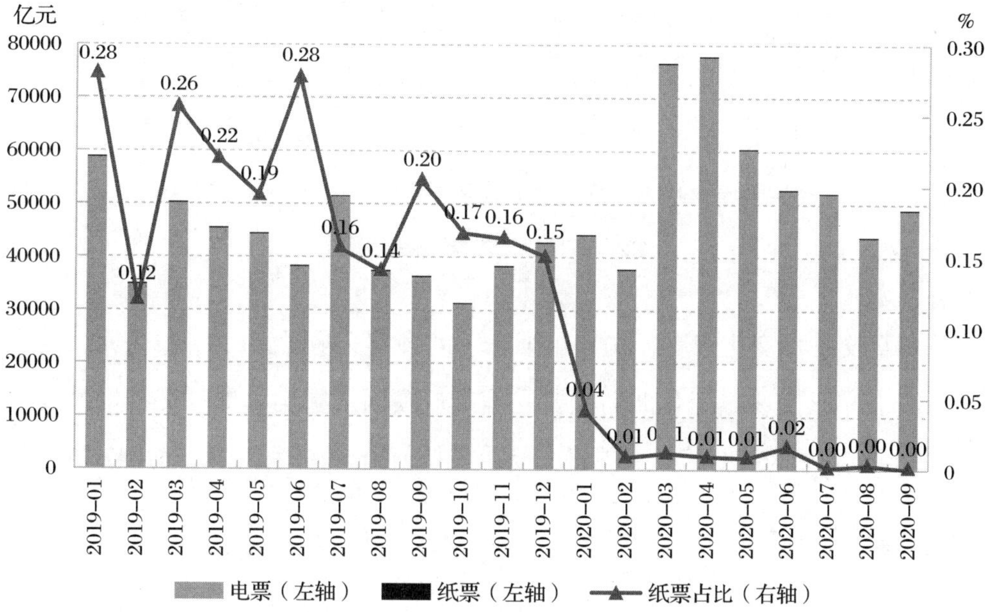

图1　每月票据交易情况（按票据介质）

从每月日均交易量来看，2020年第三季度每月日均交易量均实现同比增长，其中，7月增长0.86%，8月增长11.49%，9月增长22.96%。与2020年第二季度相比，第三季度每月日均交易量有所回落，均在3000亿元以下。

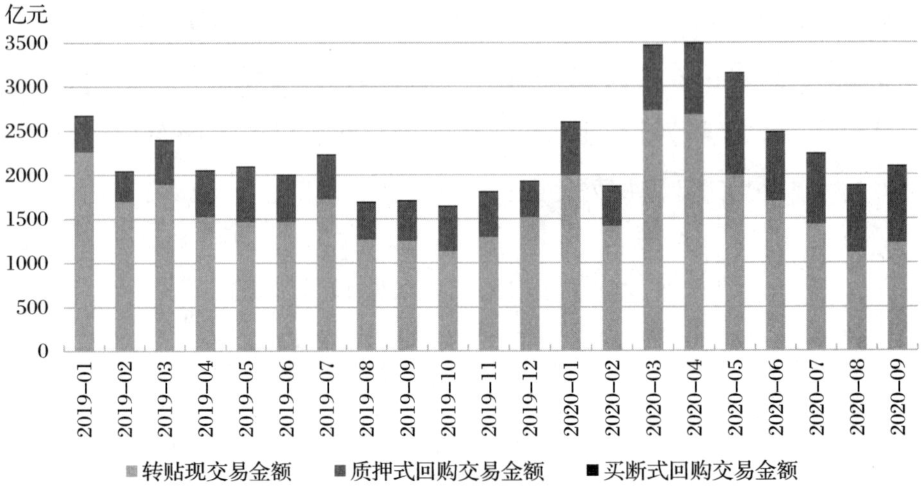

图2 每月日均票据交易情况

从单日交易量变化来看，2020年第三季度日均交易量为2149.42亿元，同比增长10.78%。单日交易量变化波动主要受信贷规模因素影响，单日交易量最高值出现在9月25日，为2869.85亿元；单日交易量最低值出现在9月30日，为742.15亿元。

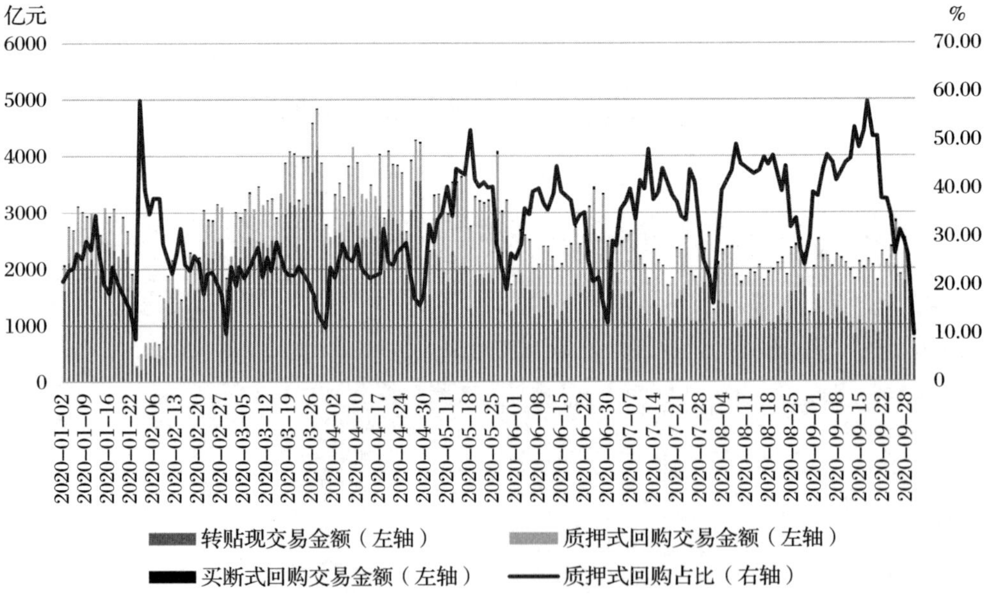

图3 单日票据交易情况

从单日交易量分布来看，2020年第三季度共有67个交易日，其中，39个交易日单日交易量集中在1000亿~2000亿元区间，26个交易日单日交易量集中在2000亿~3000亿元区间，以上两个区间的交易日数量占总交易日数量的97.01%；单日交易量在1000亿元以下的有2个交易日，分别出现在7月8日和9月30日。

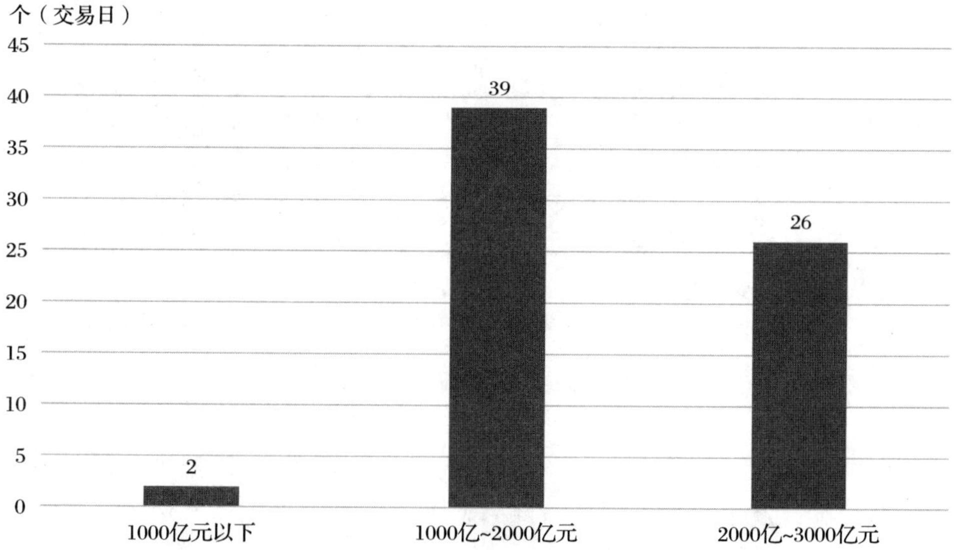

图4 单日交易量分布情况

二、质押式回购交易量增长带动2020年第三季度交易量提升

2020年第三季度，交易量同比增加1.92万亿元，其中，转贴现交易量同比减少0.67万亿元，质押式回购交易量同比增加2.47万亿元，买断式回购交易量同比增加0.12万亿元。

从票据交易品种来看，转贴现是最主要的交易品种。2020年第三季度转贴现交易量为8.75万亿元，同比下降7.1%，占交易总量的60.57%，同比下降9.35个百分点；质押式回购交易量5.54万亿元，同比上升80.26%，占交易总量的38.38%，同比上升8.69个百分点；买断式回购交易量为0.15万亿元，同比上升416.07%，占交易总量的1.05%，同比上升0.66个百分点。

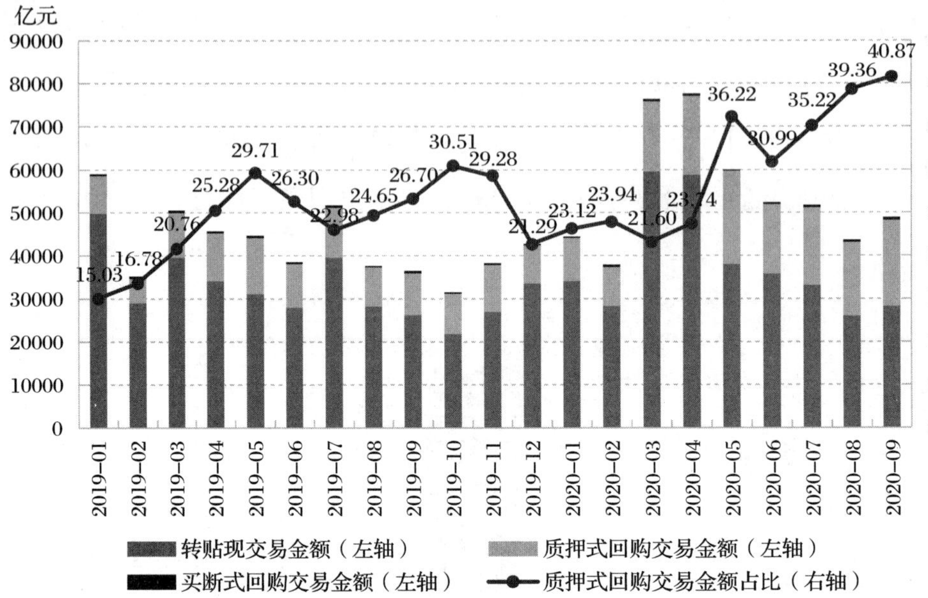

图5 每月票据交易情况（按交易品种）

从票据内外部交易来看，由于受到贴现发生额减少和票据资管业务压缩等因素的影响，2020年第三季度转贴现内部交易量为2.75万亿元，同比下降

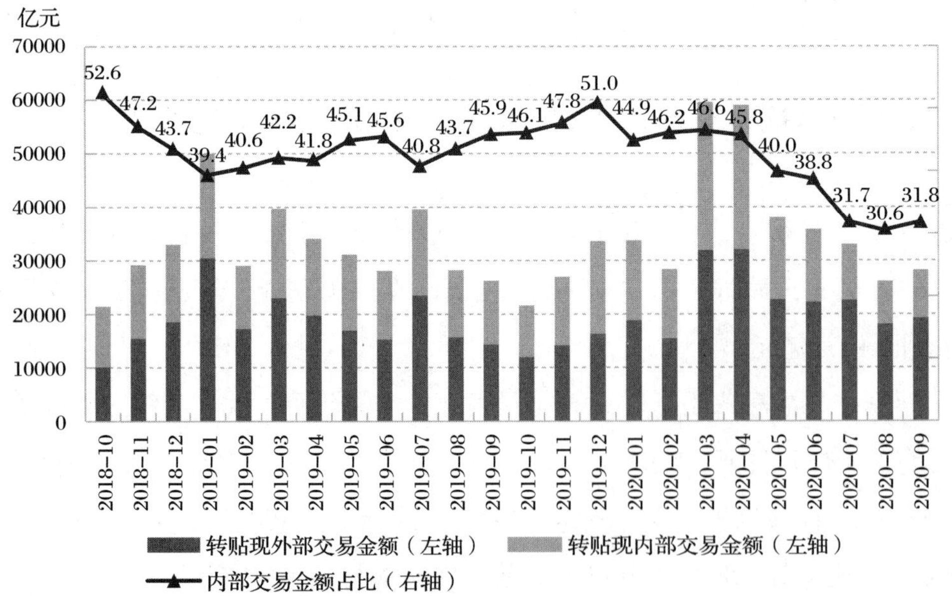

图6 每月转贴现内外部交易情况

32.3%，占转贴现交易总量的31.4%，同比下降12.65个百分点；转贴现外部交易量为6万亿元，同比增长11.98%，占转贴现交易总量的68.59%，同比上升12.65个百分点。

从票据类别来看，2020年第三季度银票转贴现交易量为8.19万亿元，同比下降6.04%，占转贴现交易量的93.65%，同比上升0.58个百分点；商票转贴现交易量为5551.43亿元，同比下降20.35%，占转贴现交易量的6.35%，同比下降0.58个百分点。

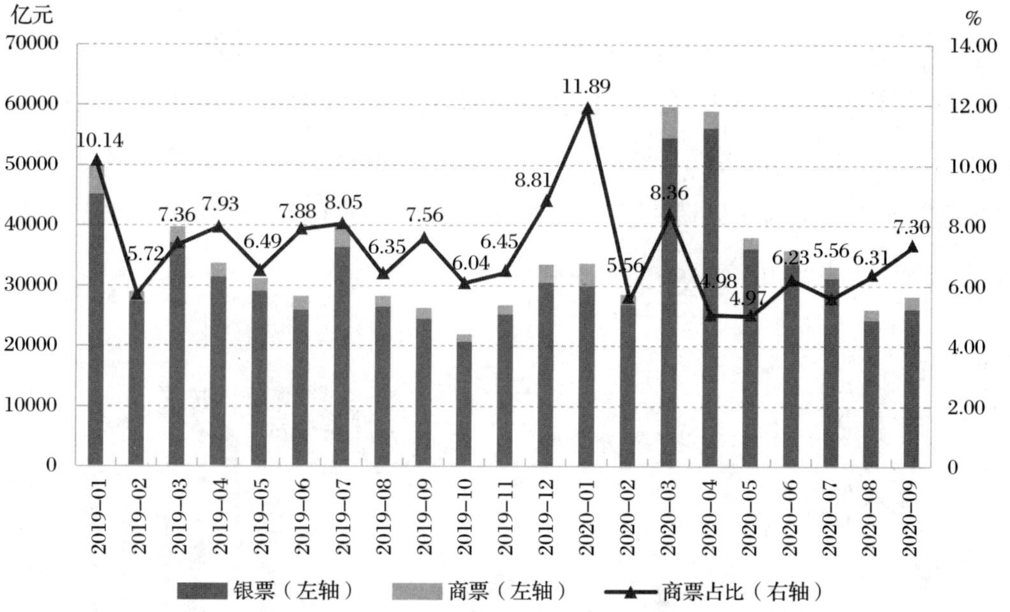

图7 每月转贴现交易情况（按票据类别）

从票据交易期限结构来看，2020年第三季度转贴现外部交易期限品种主要集中在6M（3个月至6个月）和1Y（9个月至1年），6M和1Y转贴现外部交易量占比分别为25.9%和25.76%，二者合计占比超过五成。

表1　2020年第三季度转贴现交易情况（按期限品种）

期限品种	交易笔数（笔）	交易量（亿元）	交易量占比（%）
1M（1个月及以下）	10886	11182.82	12.79
3M（1个月至3个月）	15242	11182.01	12.79
6M（3个月至6个月）	41132	24718.36	28.26
9M（6个月至9个月）	11395	18433.83	21.08
1Y（9个月至12个月）	27525	21936.09	25.08
合计	106180	87453.11	100.00

2020年第三季度，质押式回购交易量与第二季度基本持平，其中，9月质押式回购交易量达1.99万亿元，仅次于2020年5月，在纸电交易融合后质押式回购单月交易量中排名第二。同时，质押式回购交易短期化特征更加显著，隔夜与7天期质押式回购交易量占比达82.88%，其中，7月短期质押式回购交易量占比达85.33%，为纸电交易融合后新高。

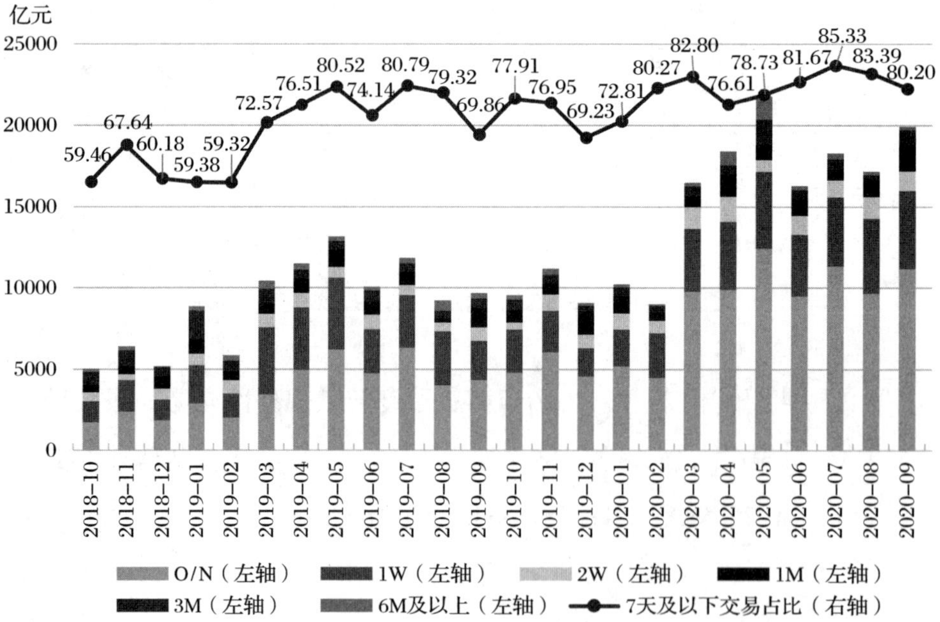

图8　纸电融合后质押式回购交易情况（分期限）

表2 2020年第三季度质押式回购交易情况（按期限品种）

期限品种	交易笔数（笔）	交易量（亿元）	交易量占比（%）
O/N（隔夜）	6781	32157.62	58.03
1W（7天及以内）	3440	13770.70	24.85
2W（14天及以内）	1062	3507.97	6.33
1M（1个月及以内）	874	3100.50	5.60
3M（3个月及以内）	515	2055.86	3.71
6M（6个月）及以上	203	820.64	1.48
合计	12875	55413.29	100.00

三、市场流动性合理充裕，转贴现利率与质押式回购利率总体上升

2020年第三季度，国内宏观经济各项指标逐渐改善，经济基本面恢复情况较好，货币政策保持稳健，货币市场流动性合理充裕，央行在公开市场操作累计净投放资金3723亿元，中期借贷便利利率、LPR及逆回购利率与上季度相比均无变动，7天期逆回购利率保持在2.20%，自7月1日起，再贴现利率下调0.25个百分点至2%。7月30日召开的中共中央政治局会议指出，加快形成以国内大循环为主体，国内国际双循环相互促进的新发展格局，货币政策要更加灵活适度，精准导向，保持货币供应量和社会融资规模合理增长，推动综合融资成本明显下降。

票据市场交易利率总体上升，转贴现利率由2.68%上升至2.94%，上升26个基点，利率波动主要受信贷规模因素影响，其中，7月和9月利率均呈现先升后降趋势，8月利率在区间内波动；转贴现利率与贴现利率走势一致，价差约为28个基点，与第二季度持平。

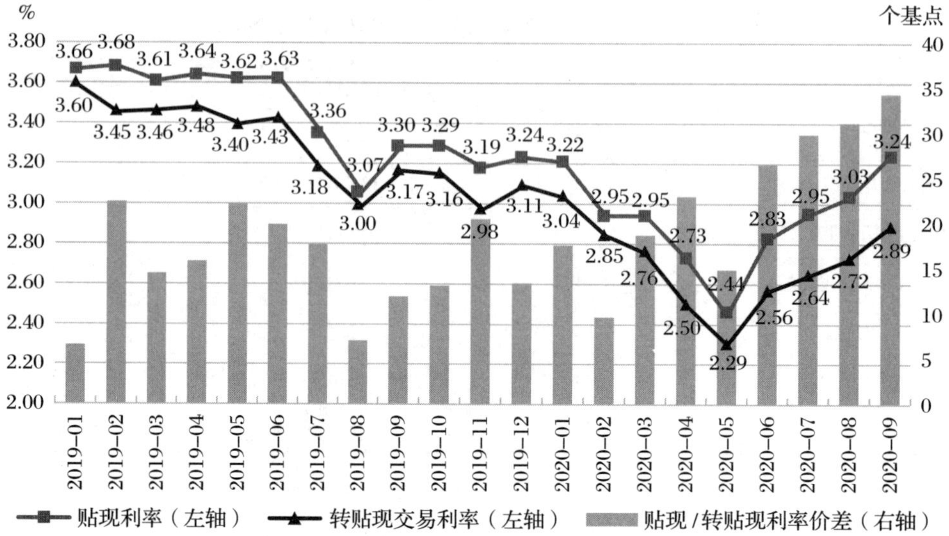

图9　转贴现交易与贴现利率走势

分期限结构来看，1M银票转贴现利率与1Y银票转贴现利率走势基本相同，均呈现整体上行趋势。1M转贴现利率波动相对较大，主要表现在临近月

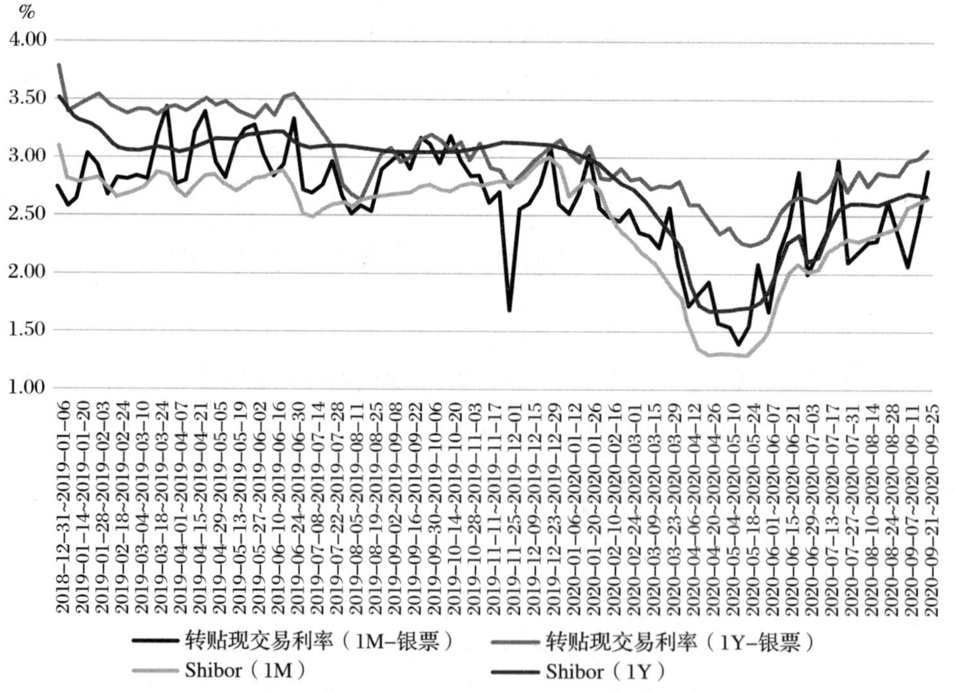

图10　转贴现交易利率与Shibor比较

末时点，在7月下旬和9月末与1Y银票转贴现利率出现短期倒挂情况。与同期限Shibor相比，Shibor波动更为平滑，总体低于同期限转贴现利率，波动幅度较1Y银票转贴现利率更为明显，与1M转贴现利率波动幅度大体相当。

2020年第三季度，票据质押式回购利率与银行间同期质押式回购利率均呈现上升趋势。受季末因素影响，各期限票据质押式回购在9月末均出现下行，与银行间同期质押式回购利率走势相反。

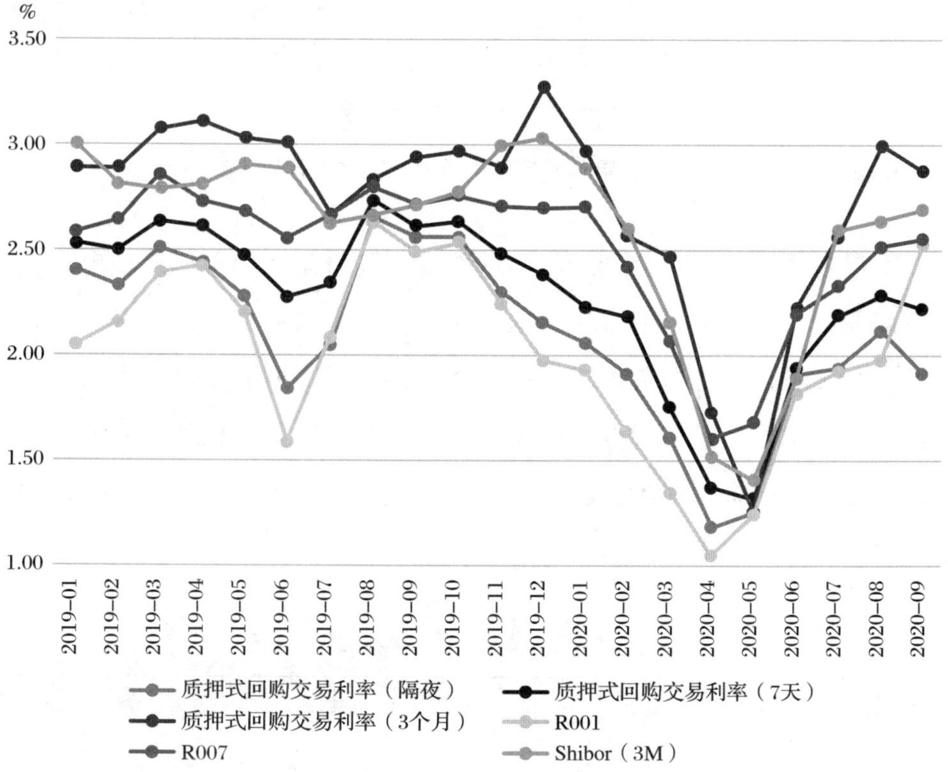

图11 质押式回购交易利率走势（按期限品种）

四、开展票据交易的会员和系统参与者数量持续增长

截至2020年9月末，累计通过中国票据交易系统（以下简称交易系统）开展交易的会员共2113家，系统参与者共9571家。2020年第三季度，通过交易系统开展交易的会员共1784家，系统参与者共5199家。

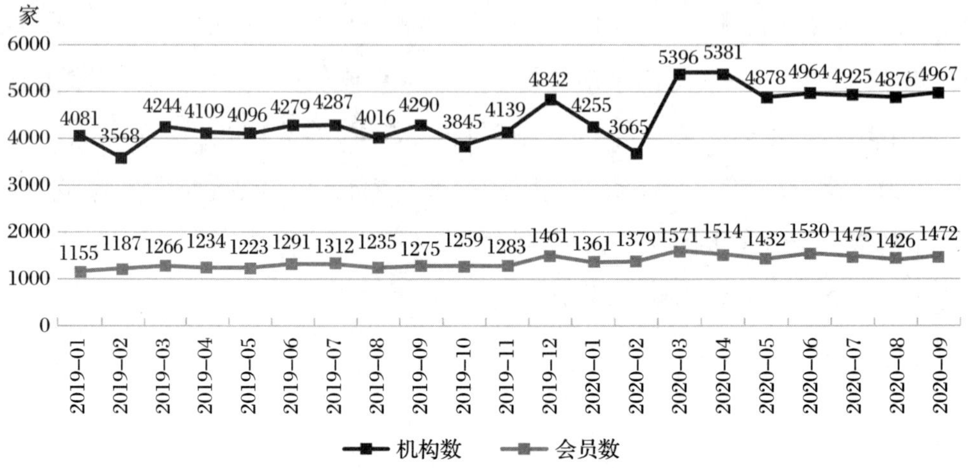

图12　每月交易会员数与系统参与者数

从交易主体类型来看，2020年第三季度，股份制商业银行、城市商业银行和国有商业银行是最主要的市场参与主体，合计参与的交易占市场交易总量的八成以上。在转贴现交易方面，股份制商业银行是主要的票据净卖出方，农村金融机构与非法人产品是主要的票据净买入方；在质押式回购交易方面，国有商业银行是主要的资金净融出方，城市商业银行和非银行类会员是主要的资金净融入方。

表3　2020年第三季度交易主体类型分布情况

机构类型	交易金额（万亿元）	占比（%）
城市商业银行	10.06	34.83
股份制商业银行	7.86	27.22
国有商业银行	4.50	15.58
农村金融机构	3.57	12.36
非法人产品	1.43	4.95
非银行类会员（不包括财务公司）	1.19	4.12
财务公司	0.13	0.45
外资银行	0.08	0.28
政策性银行	0.06	0.21

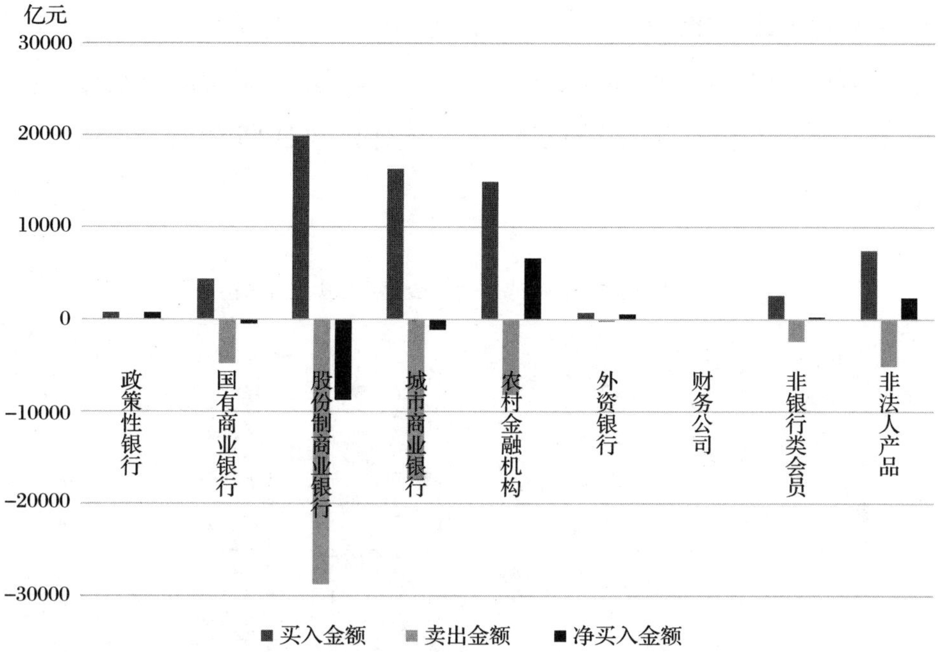

图13　2020年第三季度转贴现交易各类型金融机构票据买入卖出情况

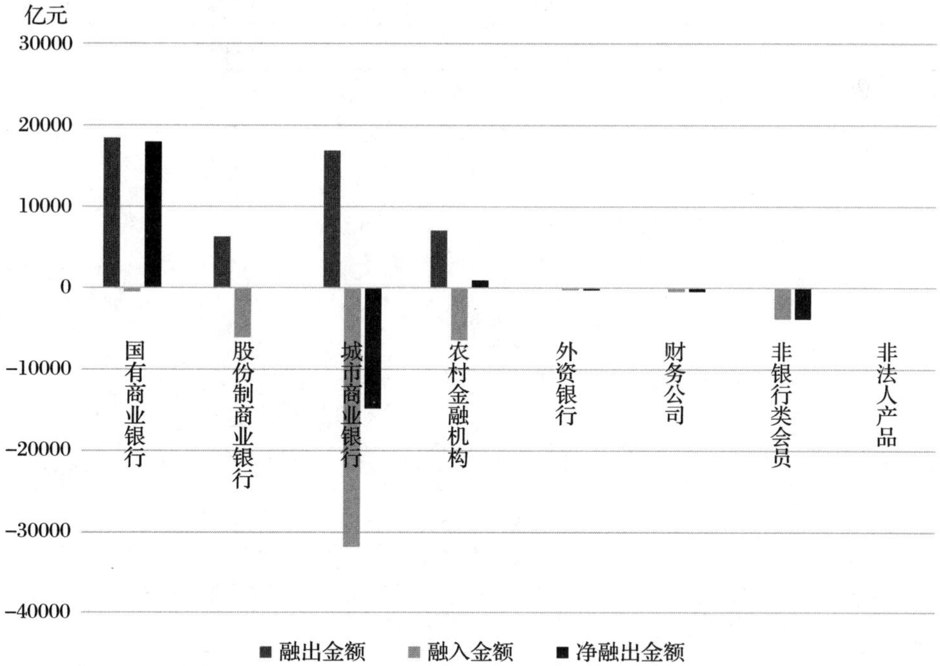

图14　2020年第三季度质押式回购交易各类型金融机构资金融入融出情况

从交易量占比变化情况来看，与上年同期相比，股份制商业银行和非法人产品占比有所下降，分别下降4.35个和1.83个百分点。国有商业银行、农村金融机构及非银行类会员占比均有所提升，分别上升2.13个百分点、3.07个百分点和1.54个百分点。

表4　2020年与2019年第三季度交易主体类型分布情况

排名	机构类型	分布比例	
		2020年第三季度	2019年第三季度
1	城市商业银行	34.83%	26.27%
2	股份制商业银行	27.21%	36.99%
3	国有商业银行	15.58%	19.92%
4	农村金融机构	12.36%	8.93%
5	非法人产品	4.95%	4.78%
6	非银行类会员（不包括财务公司）	4.12%	1.98%
7	财务公司	0.45%	0.28%
8	外资银行	0.28%	0.49%
9	政策性银行	0.22%	0.36%

2020年第三季度
票据托管运行情况

上海票据交易所

2020年第三季度，票据托管发生额小幅回落后有所上升。托管票据贴现机构以股份制银行为主，主要分布在江浙粤等东部地区。票面金额100万元以下的托管票据占比上升。托管票据剩余期限以180天以内为主。

第三季度末，票据托管余额环比有所下降。主要持票机构中，国有商业银行持有银票占比、股份制商业银行持有商票占比下降，国有商业银行持有商票占比提升。持票规模逾百亿元的机构数量持续减少。用作担保品的托管票据余额逾万亿元。托管票据持有者类型结构呈现新格局，股份制商业银行持票金额仍居首位，农村金融机构跃居第二，国有商业银行退居第三。

一、票据托管运行情况

（一）票据托管发生额情况

1. 票据登记托管量小幅回落，季末有所上升。第三季度，共有11815家市场参与者完成票据权属登记161.91万张，同比下降11.07%，环比下降18.04%；金额2.47万亿元，同比下降18.04%，环比下降29.39%。托管票据到期结清172.72万张，同比增长7.24%，环比下降1.51%；金额3.21万亿元，同比增长9.02%，环比增长11.11%。

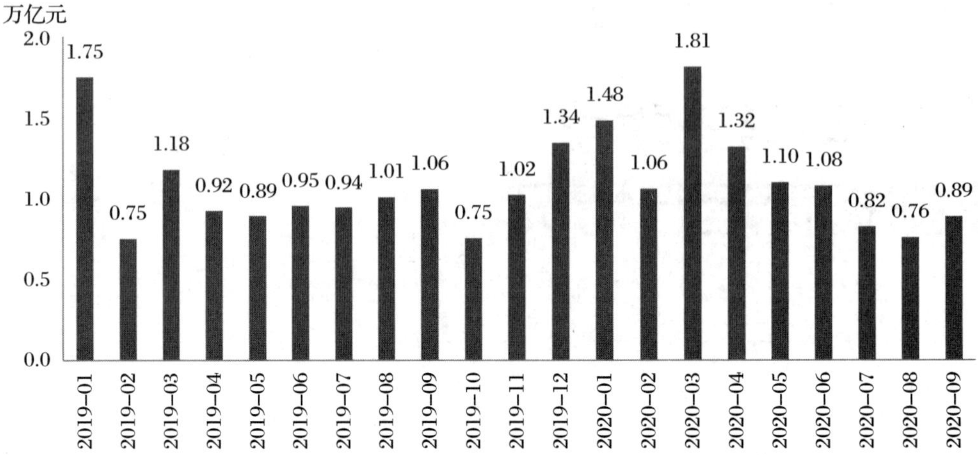

图1 2019年以来月度票据登记托管量

从托管票据种类看，银行承兑汇票张数占比94.84%，同比减少1.81个百分点，环比减少1.26个百分点；金额占比90.82%，同比减少2.53个百分点，环比减少2.03个百分点；平均票面金额146万元，同比下降8.64%，环比下降21.67%。商业承兑汇票平均票面金额271万元，同比下降17.35%，环比下降23.28%。

从托管票据介质看，电子票据张数占比99.12%，同比增加1.83个百分点，环比增加0.99个百分点；金额占比99.75%，同比增加0.32个百分点，环比增加0.05个百分点；平均票面金额153.29万元，同比下降9.26%，环比下降21.73%。纸质票据平均票面金额43.37万元，同比增长25.00%，环比增长42.43%。

表1 2020年第三季度票据登记托管量（按种类和介质）

托管票据		张数（万张）	张数占比（%）	金额（万亿元）	金额占比（%）
种类	银行承兑汇票	153.56	94.84	2.24	90.82
	商业承兑汇票	8.36	5.16	0.23	9.18
介质	电子票据	160.50	99.12	2.46	99.75
	纸质票据	1.42	0.88	0.01	0.25

注：表中数据仅保留两位小数，金额占比根据原始数据计算得到。下同。

2. 托管票据贴现机构以股份制银行为主，主要分布在江苏、广东及浙江等东部地区。第三季度托管票据中，从贴现机构类型看，以股份制商业银行、城商行和国有商业银行为主，张数占比分别为28.25%、30.69%和24.31%，合计为83.25%，同比减少1.82个百分点，环比减少0.36个百分点；金额占比分别为38.53%、24.32%和23.97%，合计为86.82%，同比增加2.27个百分点，环比减少0.36个百分点。贴现机构主要分布在江苏、广东及浙江等东部省份。

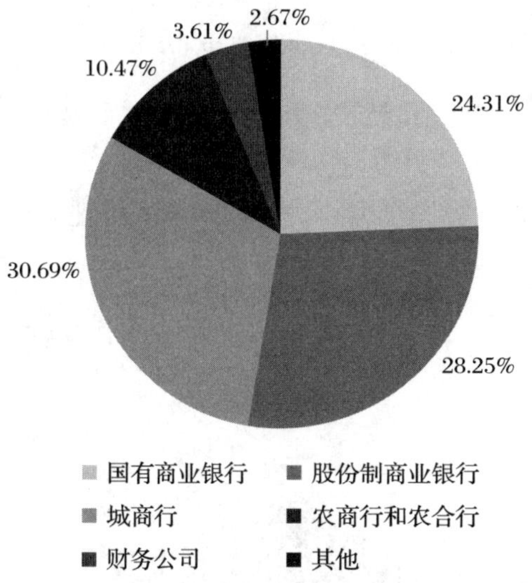

图2 托管票据贴现机构结构（张数）

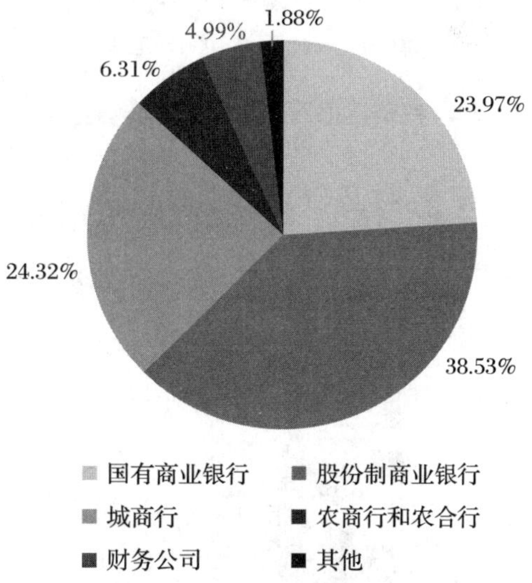

图3 托管票据贴现机构结构（金额）

3. 票面金额100万元以下的托管票据占比上升。第三季度托管票据中，票面金额在100万元（含）以下的张数占比77.34%，同比减少0.06个百分点，环比增加3.31个百分点；金额占比16.84%，同比增加2.09个百分点，环比增加4.32个百分点。500万元以上的张数占比5.03%，同比减少0.35个百分点，环比减少1.71个百分点；金额占比48.04%，同比减少2.95个百分点，环比减少4.89个百分点。

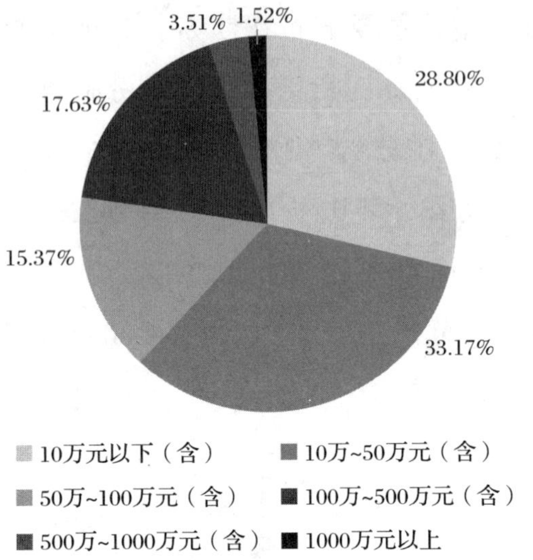

图4 托管票据票面金额结构（张数）

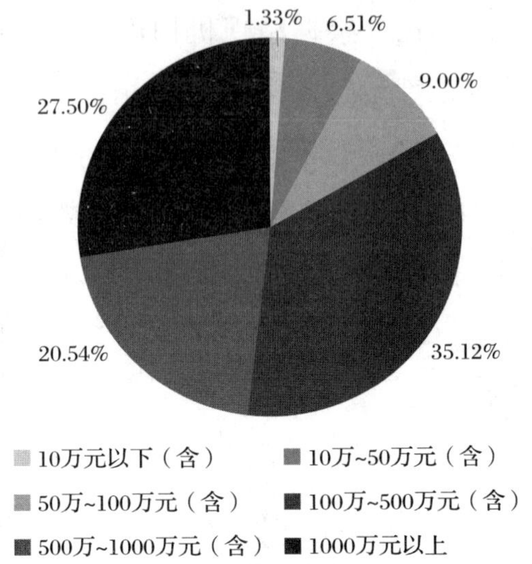

图5 托管票据票面金额结构（金额）

4. 托管票据剩余期限以180天以内为主。第三季度托管票据中，从托管期限看，集中在180天以内，张数130.33万张，占比80.49%，同比增加0.24个百分点，环比增加5.97个百分点；金额1.21万亿元，占比49.11%，同比增加4.79个百分点，环比增加12.74个百分点。

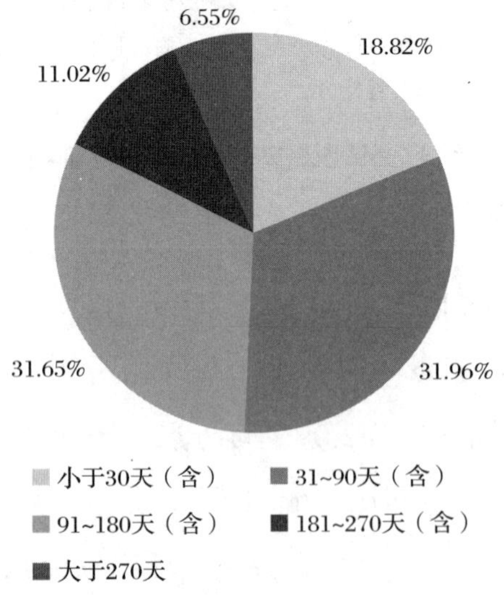

图6 托管票据剩余期限结构（张数）

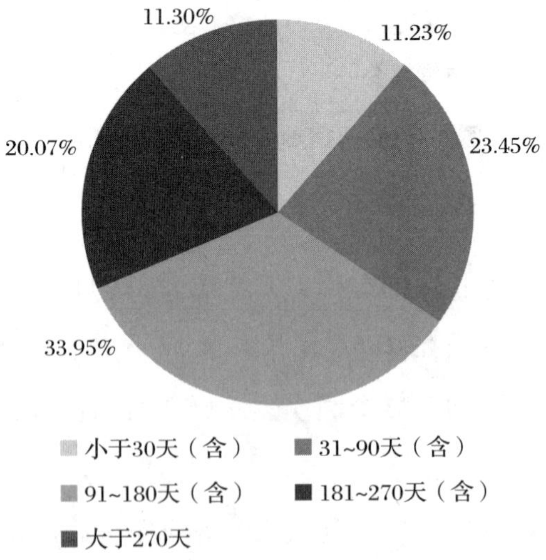

图7 托管票据剩余期限结构（金额）

第三季度末，托管票据剩余期限集中在180天以内，张数占比82.43%，同比减少2.3个百分点，环比增加4.26个百分点；金额占比68.62%，同比减少0.17个百分点，环比增加11.26个百分点，平均票面金额244.96万元。剩余期限在180天以上的托管票据平均票面金额525.24万元。

（二）票据托管余额情况

1. 票据托管余额环比有所下降。第三季度末，共有12205家市场参与者托管票据307.45万张，同比增长6.20%，环比下降3.39%；托管余额9.05万亿元，同比增长10.53%，环比下降7.63%；平均票面金额294万元，同比增长4.07%，环比下降4.38%。

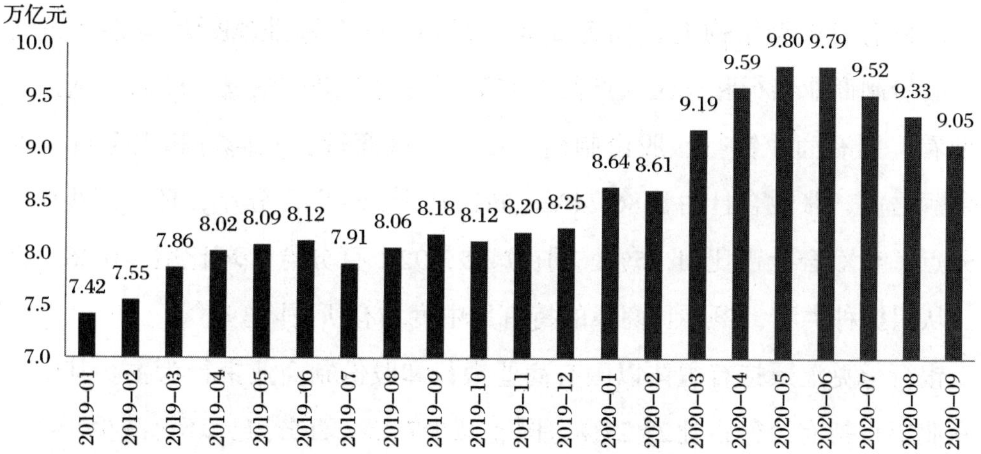

图8 2019年以来月度票据托管余额

从托管票据种类看，银行承兑汇票张数占比94.50%，同比减少1.1个百分点，环比增加0.78个百分点；金额占比91.27%，同比减少0.42个百分点，环比减少0.93个百分点；平均票面金额284万元，同比增长4.81%，环比下降8.25%。商业承兑汇票平均票面金额467万元，同比下降12.54%，环比减少8.25%。

从托管票据介质看，电子票据张数占比99.22%，同比增加1.12个百分点，环比增加0.48个百分点；金额占比99.83%，同比增加0.16个百分点，环比增加0.03个百分点；平均票面金额296万元，同比增长3.07%，环比下降4.82%。纸质票据平均票面金额65万元。

表2　2020年第三季度末票据托管余额（按种类和介质）

票据		张数（万张）	张数占比（%）	金额（万亿元）	金额占比（%）
种类	银行承兑汇票	290.53	94.50	8.26	91.27
	商业承兑汇票	16.92	5.50	0.79	8.73
介质	电子票据	305.06	99.22	9.03	99.83
	纸质票据	2.39	0.78	0.02	0.17

2. 持有者类型结构上，国有商业银行和股份制商业银行持有银票占比下降，股份制商业银行和非法人产品持有商票占比下降。第三季度末，从持有者类型看，国有商业银行、股份制商业银行、城商行、农商行和农合行票据持有余额居前，张数合计占比86.74%，同比减少2.69个百分点，环比减少0.16个百分点；金额合计占比81.45%，同比减少3.92个百分点，环比减少0.26个百分点。从票据种类看，银票和商票的持有集中度均有所下降。

银行承兑汇票持有主体以国有商业银行和股份制商业银行为主。其中，国有商业银行持有金额占比23.27%，同比减少7.23个百分点，环比减少1.93个百分点；股份制商业银行持有金额占比21.32%，同比减少1.66个百分点，环比减少0.78个百分点。

商业承兑汇票持有主体以股份制商业银行和非法人产品为主，国有商业银行占比提升较多。其中，股份制商业银行持有金额占比40.64%，同比增加1.61个百分点，环比减少1.63个百分点；非法人产品持有金额占比为20.18%，同比增加3.19个百分点，环比减少0.11个百分点；国有商业银行持有金额占比为7.73%，同比增加1.51个百分点，环比增加2.51个百分点。

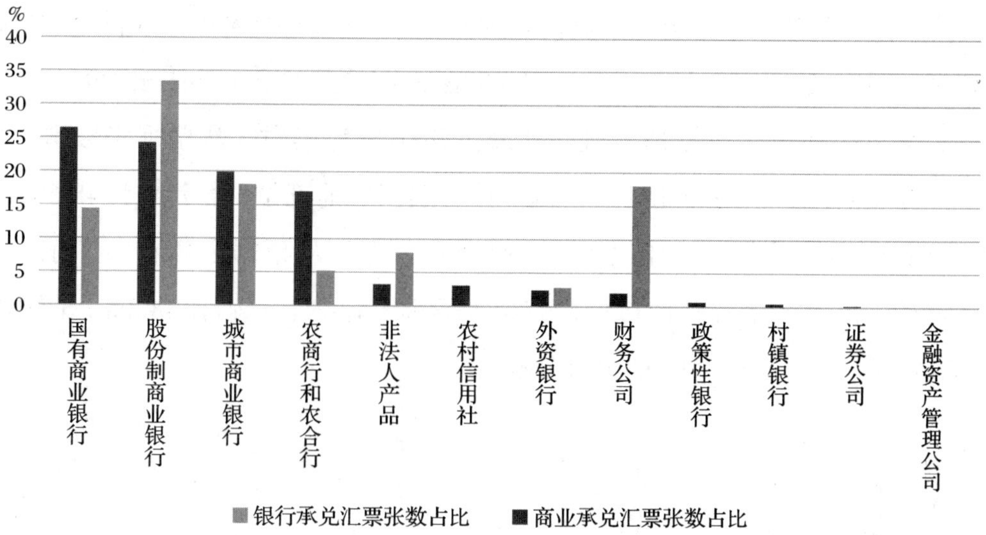

图9　2020年第三季度末票据持有者类型结构（张数占比）

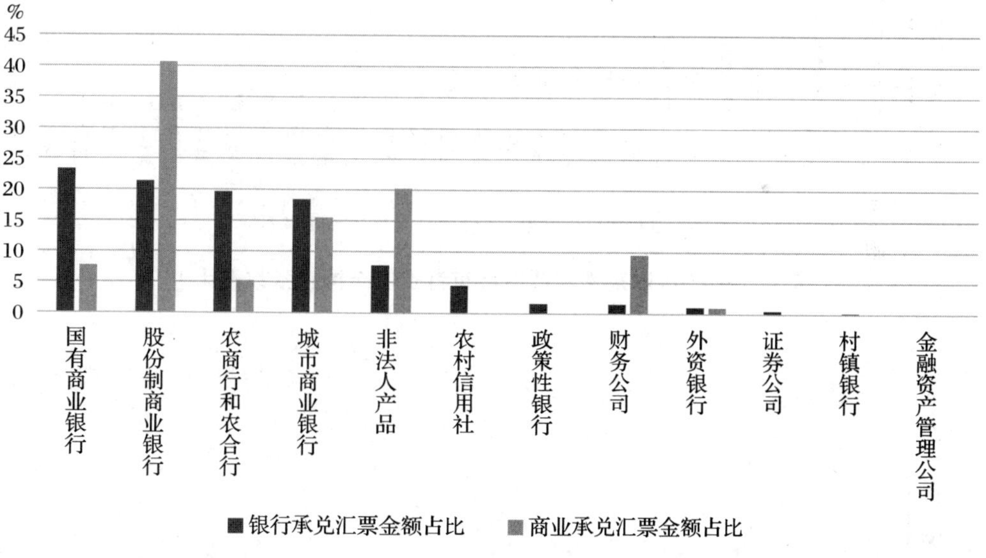

图10　2020年第三季度末票据持有者类型结构（金额占比）

3. 持有者金额结构上，持票规模逾百亿元的机构数量下降，股份制商业银行、非银行机构和非法人产品减少较多。第三季度末，从持票规模看，金额超过100亿元的机构数为145家，较上季度末减少34家。其中，政策性银行、国有商业银行持票金额超过100亿元的机构数为28家（环比减少6家），股份制商业银行为35家（环比减少11家），城商行为42家（环比减少5家），农村金融机构为18家（环比减少3家），非银行机构和非法人产品为22家（环比减少9家）。

4. 第三季度末，票据持有机构所属省份仍较为集中。从票据张数看，广东、江苏、浙江、上海和北京辖内机构持有票据居前五位，合计占比48.68%，同比增长0.96个百分点，环比增加0.14个百分点；从票据金额看，广东、上海、江苏、北京和浙江辖内机构持有票据居前五位，合计占比48.3%，同比增加4.65个百分点，环比增加0.7个百分点。

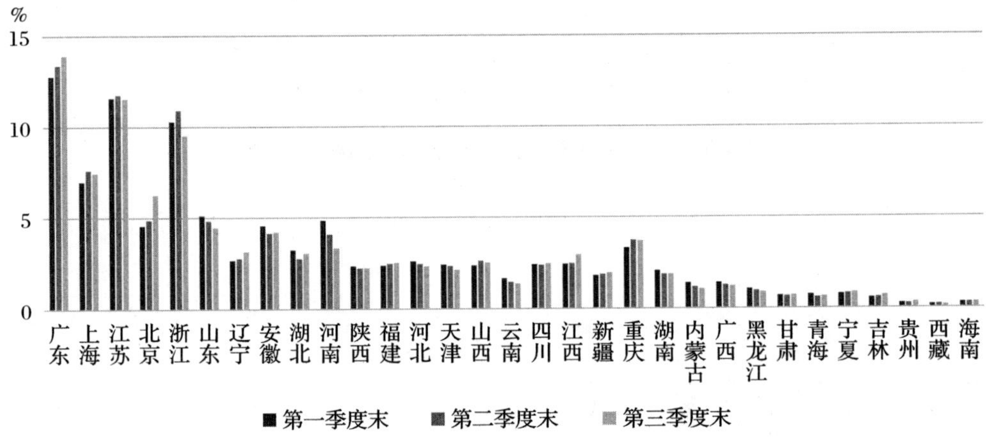

图11　2020年以来季末票据持有者省份结构（张数占比）

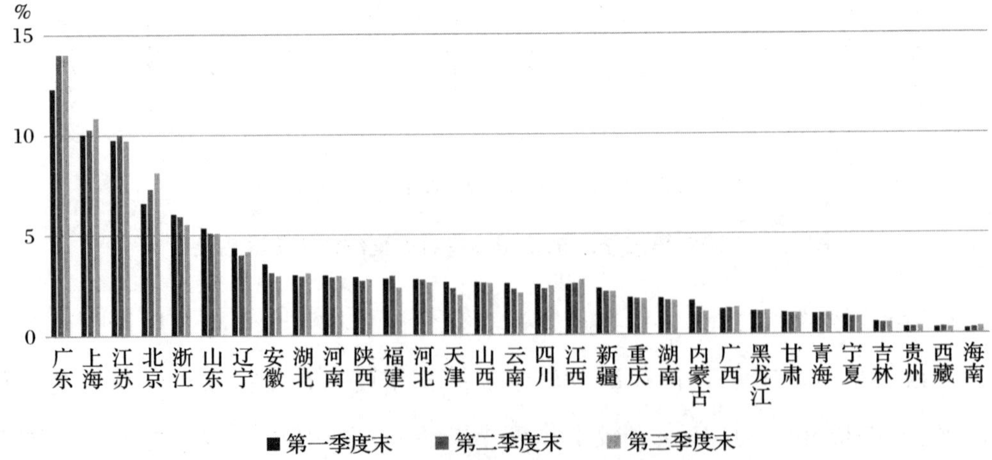

图12　2020年以来季末票据持有者省份结构（金额占比）

5. 用作担保品的托管票据余额逾万亿元。第三季度末，从托管票据账户科目看，托管票据用作金融机构之间的质押式回购、买断式回购、质押，以及金融机构与央行之间的再贴现质押式回购担保品的余额已达1.15万亿元。

（三）标准化票据基础资产托管情况

第三季度末，共有15家存托机构的53只标准化票据产品托管票据732张，托管余额44.14亿元，其中未贴现票据12.42亿元（含供应链票据0.66亿元），已贴现票据31.72亿元。存托机构主要为股份制商业银行、城商行和证券公司。

第三季度，共有4家金融机构存托的4只标准化票据产品到期，基础资产金额4.93亿元，其中未贴现票据3.00亿元，已贴现票据1.93亿元，均已正常兑付。

表3　标准化票据基础资产托管情况

存托机构类型	存托机构名称	托管余额（万元）
城商行	宁波银行	35000.00
	江苏银行	15556.00
	杭州银行	10000.00
股份制商业银行	中信银行	34633.79
	浙商银行	22545.00
	平安银行	11728.96
	兴业银行	10000.00
	浦发银行	5000.00
	招商银行	4175.00
证券公司	国泰君安	94500.00
	海通证券	59087.00
	国元证券	57660.00
	华泰证券	45216.71
	平安证券	31030.61
	华英证券	5261.00
总计		441394.07

二、票据托管运行特点

（一）受季节、政策因素叠加影响，第三季度票据托管业务呈下降态势，季末略有回升

第三季度，票据托管发生额为2.47万亿元，同比下降18.04%，环比下降29.39%，延续了6月以来的回落态势。从月度情况来看，7月、8月、9月票据托管发生额分别为0.82万亿元、0.76万亿元和0.89万亿元，季末略有回升。第三季度末，票据托管余额为9.05万亿元，同比增长10.53%，环比下降7.63%；从月度情况看，7月、8月、9月末票据托管余额分别为9.52万亿元、9.33万亿元和9.05万亿元，呈现逐步减少态势。

第三季度票据托管业务呈回落态势的主要原因如下：一是通常第三季度银行信贷额度相对紧张，资金投放动力不足；二是在银行间市场利率整体走高的情况下，贴现利率有所上行，影响部分企业的贴现意愿；三是金融管理部门一方面压降结构性存款、规范票据签发，导致负债端压力增大，另一方面窗口指导加大一般贷款投放力度，导致部分企业票据融资需求转向贷款，第三季度社会融资规模数据也显示企业短期贷款、中长期贷款余额增加，票据融资余额下降。至9月中下旬，一些金融机构进场调整信贷规模，票据配置需求释放，致使贴现量略有回升。

（二）托管票据持有者类型结构呈现新格局，股份制商业银行仍居首位，农村金融机构跃居第二

第三季度末，股份制商业银行持票金额为2.08万亿元，占比23.01%，自2020年第一季度小幅超过国有银行后仍居于首位，且差距有所拉大。农村金融机构（含农商行、农合行、农村信用社和村镇银行）持票金额为2.05万亿元，占比22.68%，同比增加2.91个百分点，环比增加0.22个百分点，跃居第二。国有商业银行持票金额为1.98万亿元，占比为21.91%，位居第三。

2020年以来，农村金融机构持票规模占比上升，第三季度末托管余额已跃居第二。一方面，受监管部门对贴现业务跨区域经营的限制、对民间票据市场的治理以及资金成本相对较高等因素影响，农村金融机构贴现余额持续下降，占比已从2019年第一季度的12.57%下滑至9.65%。另一方面，农村金融机构票据业务的经营策略向转贴现偏移。为提升贷款规模，农村金融机构通过二级市场交易加大收票力度，从而在贴现业务缩减的情况下持票规模上升。

市场研究

票据真实交易关系和债权债务关系的研究

黄永军　闫　东[①]

［摘　要］ 为进一步促进票据市场的规范发展，为票据市场更好服务实体经济营造良好的制度环境，本文从“我国票据的真实交易背景的制度溯源”视角入手，结合票据业务实践进行分析，针对当前真实贸易背景审核要求带来的现实问题，建议票据审查从“真实贸易关系”回归《票据法》的“真实的交易关系和债权债务关系”的原意，提出了相关的对策建议。一方面，从票据源头管住交易背景的真实性，加强对银票承兑、商票贴现环节的基础交易关系的审查；在银票贴现环节适配无因性原则，放宽或取消对交易背景的审核。另一方面，改进和完善基础交易关系真实性的审查方式，审查方法和手段酌情交给票据市场主体决定，以便更加准确、高效地把握交易背景的真实性，增强票据市场服务实体经济的能力。最后，对融资性票据的发展空间和实现路径进行了展望。

［关键词］ 票据业务　贸易背景　交易关系　债权债务关系

① 作者简介：黄永军，单位：中国民生银行，职务：票据业务部风险与系统开发中心资深经理；闫东，单位：中国民生银行，职务：票据业务部企业客户营销中心处长助理。

票据市场是我国金融市场体系的重要组成部分，在服务实体经济、支持民营小微企业融资、传导货币政策等方面发挥着重要作用。2016年12月，上海票据交易所（以下简称票交所）成立后，通过着力推进票据电子化和线上交易，完善票据市场基础设施，持续创新票据产品和业务模式，为票据业务健康发展和风险防控打下了坚实基础。

为进一步促进票据市场的规范发展，为票据市场更好服务实体经济营造良好的制度环境，本文从“我国票据的真实交易背景的制度溯源”视角入手，结合票据业务实践进行分析，针对当前真实贸易背景要求带来的现实问题，建议票据审查从“真实贸易关系”回归《票据法》的“真实的交易关系和债权债务关系”的原意，提出了相关的对策建议，并对融资性票据的发展空间和实现路径进行了展望。

一、我国票据的真实交易背景的制度溯源

（一）《票据法》规定票据的签发、取得和转让应具有“真实的交易关系和债权债务关系”

《票据法》（1995年5月颁布，2004年8月修正）作为票据业务的基本法，第十条规定：“票据的签发、取得和转让，应当遵循诚实信用的原则，具有真实的交易关系和债权债务关系。票据的取得，必须给付对价，即应当给付票据双方当事人认可的相对应的代价。”

《票据管理实施办法》（1997年6月国务院批准，1997年8月中国人民银行令第2号发布，2011年国务院令第588号修订发布）第十条规定：“向银行申请办理票据贴现的商业汇票的持票人，必须具备下列条件：（一）在银行开立存款账户；（二）与出票人、前手之间具有真实的交易关系和债权债务关系”。该办法对票据贴现的基础关系的要求与《票据法》一致。

（二）实践中如何理解“真实的交易关系和债权债务关系”

票据是在商业活动中产生的结算凭证，具有天然的交易结算依存关系，即票据关系的产生与存在，是以真实的交易关系和债权债务关系为基础的。从历史上主要发达国家的票据法规及通行惯例来看，票据尤其是商业汇票，都是商品或劳务项下的交易结算工具，是在商业中受让商品或劳务时给付的资金对价。交易关系是一种价值交换关系，交易关系本身即产生债权债务关系，而债权债务关系的产生未必来自交易关系，故“真实的交易关系和债权债务关系”应理解为因真实交易关系中已产生了商品或劳务的价值转移，但并未发生反方向资金的支付而形成的债权债务关系。另外，在《票据法》的表述中，“真实的交易关系”与“债权债务关系”的连接词是“和”而不是“或”，也应理解为“真实的交易关系”与“债权债务关系”并存，即“债权债务关系”因“真实的交易关系”给付对价而产生，二者是同一事件的两方面，如硬币的正反面，是统一的。

（三）相关配套制度将法律口径“真实交易背景”缩小至“真实贸易背景”，制约了票据流通和融资功能

我国的票据市场始于20世纪80年代初，当时处于市场起步与试点探索阶段，主要利用票据的支付结算，替代挂账信用，解决企业长期以来货款拖欠的“三角债”问题。90年代初期，我国进入社会主义市场经济发展起步阶段，银行信用和商业信用得到巩固，票据作为商品交易结算的重要工具得到不断发展，成为解决“三角债”的主要手段。与此同时，票据市场相关的法律制度体系进一步完善，票据业务规范性提高。1995年5月，全国人大通过《票据法》，第十条要求“具有真实的交易关系”。之后人民银行等职能部门出台了一系列文件，基于当时经济金融现状和票据的支付结算功能，提出商业汇票承兑和贴现环节需以“商品交易”或“真实贸易背景”为基础的要求。

现存制度里，最早提出票据要有商品交易背景的是《商业汇票承兑、贴现与再贴现管理暂行办法》（银发〔1997〕216号，1997年5月发布），其中规定：申请贴现的持票人“与出票人或其前手之间具有真实的商品交易关系”，需提供“增值税发票”和“商品交易合同复印件”。《支付结算办法》（银发〔1997〕393号，1997年9月发布）提出办理贴现需审核“增值税发票和商品发运单据复印件”等跟单资料。此后的相关制度中，对票据的承兑、贴现也都提出了商品交易背景的要求，在具体操作中提出需提供增值税发票、购销合同或商品发货单的要求。票据兼具支付与融资双重属性，是民营企业、小微企业融资的重要渠道。但我国票据市场起步以来，思想定位上一直将票据主要作为支付结算工具，这导致了现行票据法律制度体系对票据融资功能关注不够，这在很大程度上导致我国票据融资功能发挥不充分。

步入票交所时代，为促进电子商业汇票业务发展，《中国人民银行关于规范和促进电子商业汇票业务发展的通知》（银发〔2016〕224号，2016年8月发布）规定：“企业申请电票贴现的，无需向金融机构提供合同、发票等资料”。《票据交易管理办法》（中国人民银行公告〔2016〕第29号，2016年12月发布）规定，“贴现人办理纸质票据贴现时”，“贴现申请人无需提供合同、发票等资料”。上述制度放宽了贴现的贸易背景资料要求，即贴现企业直贴环节无须提供合同发票。

综上所述，票据真实贸易背景的审查要求，并不是《票据法》规定的，而是反映在职能部门的各项规定、制度和通知中，从“交易关系”到“商品交易”，缩小了票据基础关系的适用范围。另外，新的相关电子商业汇票、票据交易管理文件出台后，没有废止或修改老文件或是明确文件间的关系，存在制度冲突现象，造成市场主体和监管机构执行困惑。目前在执行过程中，各地银行监督管理部门的要求不一，大部分在提出监管要求和对商业银行进行检查时，仍然要求审查直贴环节的增值税发票和购销合同等，以证明有真实贸易背景。

二、我国票据的真实贸易背景要求带来的现实问题

（一）票据被越来越多地运用到非贸易场景

在业务实践中，票据作为应收应付结算工具，在非贸易场景下被越来越多地使用。例如，通过供应链上下游的结算链条，核心企业向上游企业通过票据背书偿还债务、支付预付款、支付工程款、服务供应、提供劳务等；在商品采购中处于弱势地位的中小微企业，通常需要使用银行承兑汇票向供应商支付预付款，此时商品尚未交货、发票尚未开出，因此造成预付款票据无法及时向银行办理贴现的问题。这些立足于非商品交易基础的票据应用，也称为债权债务结算或者无形贸易结算。

（二）票据中介“包装”贸易背景，既增加了融资成本，又潜藏风险

一些企业因在非贸易场景使用票据等原因，办理贴现时无法提供银行所需真实贸易背景审查资料。为规避银保监会对票据贴现的真实贸易背景要求，市场发展出了票据中介，通过“包装”票据，虚构贸易合同、增值税发票，使没有真实贸易背景的票据经承兑、贴现后流入银行间市场。另外，存在以关联户贴现为目的的融资性票据，个别企业通过开票并贴现来降低融资成本。

（三）贸易背景真实性难以有效判断

纵观监管机构近年对商业银行处罚的理由，“票据业务存在虚假贸易背景”的占比最高，成为票据业务最大的风险来源。贸易背景的真实性仅仅依靠传统的事前要件审核是远远不够的。例如，企业的发票可能是真实的，但是与合同匹配可能不真实；企业买卖货物的实际价值与合同价值严重不符；以关联户贴现为目的的融资性票据签发占比不断提高等；虽然企业提供了交易合同和增值税发票，但贸易背景未必真实。因此，对合同和发票的形式审查无法准确无误判断贸易背景的真实性。

三、回归“真实的交易关系和债权债务关系”的可行性研究

（一）票据审查从“贸易关系”回归“交易关系”

从国际票据市场经验来看，在发达的市场经济国家和地区，如英国、美国、日本、德国等，票据融资主要包括商业票据（融资性商业本票）和银行承兑汇票（交易型票据）等融资工具，且商业票据在市场中居于绝对主导地位，比重达到70%~80%。由于社会信用体系较为完善，商业票据由资信较高的发行企业凭借自身的商业信用，直接签发短期债务凭证（融资性票据）进行直接融资，其偿还完全依赖发行人自身的信用。融资性票据是票据市场发展至成熟阶段的标志，无真实贸易背景要求。

从国内票据市场实践来看，我国票据市场主要是以真实商品交易为基础的交易性票据。票据市场经过近20年高速发展，对实体经济尤其是中小型企业的支持力度加大，由中小型企业签发的银行承兑汇票约占三分之二，行业主要集中在制造业、批发和零售业，票据成为中小企业获取银行资金和信用支持的重要渠道。

我国现有的制度安排强调票据的签发必须以真实贸易为背景，这就从制度层面制约了融资性票据的发展。但实践中存在大量没有真实贸易背景但通过伪造或虚构贸易合同进行了“包装”的票据，其实质是融资性票据。一方面，处于弱势地位的中小企业签发的银票，其中较多是“预付款票据”，因为发票尚未开出造成不能及时办理贴现的问题。另一方面，从提高效率、降低成本的方面考虑，中小企业更倾向于利用签发融资性票据来获取低成本资金，需求大量存在。这部分票据在监管上处于真空地带，不仅使对融资性票据的监管要求形同虚设，而且加长了融资链条，增加了业务环节，加大了民营企业、小微企业的融资成本。

票据业务监管的目标，是回归业务本质，理解市场，制定出既能满足市场需要，又能控制业务风险的监管政策，通过高效监管维护票据市场的健康发

展。基于此，本文积极呼吁从经济发展的需要和我国票据市场发展的实际出发，摒弃计划经济的思维方式，通过制度创新拓展票据流通和融资功能，改进和完善目前对真实贸易背景的审查方式，减少贴现业务真实贸易背景问题上的理解分歧与合规风险，准确把握交易背景的真实性，增强票据市场服务实体经济的能力。

《票据法》中关于票据的签发、取得和转让并没有要求真实贸易关系。根据《票据法》第十条上下文理解，交易关系应是给付对价的行为，也就有了债权债务关系；同时交易关系和债权债务关系是以给付对价为基础的，背书转让偿还债务、支付预付款、支付工程款、提供劳务服务等都属于经济活动中的对价。故建议将票据审查从“贸易关系”回归“交易关系”，以有效拓展票据业务的外延，票据将被合法运用到更加广泛的交易场景，诸如背书转让偿还债务、支付预付款等交易票据也将获得政策支持，有效提升票据流通和融资的便利性。

（二）证明“真实交易关系和债权债务关系”的相关材料

真实交易关系的关键在于商品或劳务的真实受让，以及交易关系与票据关系的对应性。其证明材料主要可以体现交易双方的真实意愿和交易标的的实际转移，但交易关系与票据关系的对应性方面难以有标准、有效的证明材料。例如，在实务操作中主要是由买卖双方订立的贸易合同用于表明双方的交易真实意愿；按照税法要求对交易标的开立的应税发票或免税发票用于证明交易标的的真实转移。以上材料证明了交易关系的真实存在，但该交易中买方支付的对价，是否就是申请业务的票据，还是其他票据或资金形式，就很难以书证材料进行证明。

另外，在国际结算中通常用到的运单、仓单等证明单据，因为在国内的贸易中较少应用到，其还难以作为独立的交易背景证明材料，但是也有辅助证明交易真实存在的作用。

随着电子票据和电子商务应用的普及，票据结算与交易场景的对应关系已经具备了一定的技术环境，如2020年票交所推出的创新产品供应链票据，就是票据结算与交易场景深度绑定的产品。通过支付系统与其商业管理系统或财务管理系统的连接，将原来孤立的支付行为与交易进行融合，将企业的支付动作整合在交易流程中，由系统记录并管理交易关系与支付的对应。在这样的技术环境下，如果可以证明交易场景在系统中的支付唯一性，就可以证明交易关系与票据关系的对应性。

（三）材料真实性、完整性、合规性的负责主体

《票据法》规定的交易关系是票据签发、取得和转让的条件基础，是取得票据权利的原因，在日常的企业结算和票据流转中是不必单独提供证明材料的。当企业将持有的未到期票据向商业银行申请融资或因交易支付申请开立票据，需要向商业银行提供证明材料，该行为本质是对其取得票据或申请开立票据的合法性举证。所以，票据业务的申请企业应对材料的真实性、完整性负完全责任。商业银行在受理业务时，也应对申请企业及业务进行尽职调查，核实交易是否符合常识或逻辑，并对证明材料形式的合规性负责。

另外，商业银行主体并非行政机构，也未参与企业的实际交易环节，其难以对交易的真实有效及资料的完整性进行甄别，或者说甄别成本远高于业务收益。并且即使交易关系真实存在，如上文所述票据关系与交易关系是否关联也难以核查。

如发生证明材料不符，应分为实质性不符与形式性不符。实质性不符主要体现在材料虚假、不完整，发生证明材料的实质性不符时，应由材料提供企业承担由此造成的所有责任及损失。形式性不符主要体现在材料的内容不符合常识、不符合逻辑。形式性材料受理的商业银行应严格履行材料的形式性审查职责，发现材料形式性不符的应作退单处理，不得为客户办理该笔业务。如出现材料形式性不符的业务，应由材料审查银行承担由此造成的所有

责任及损失。

（四）在源头上加强对银票承兑、商票贴现环节的基础交易关系真实性的审查

第一，银票重点审核承兑环节。在源头上管住票据签发（承兑）环节的真实性，确保出票人是基于真实交易背景向金融机构申请承兑业务。在票据流转环节，放开对票据业务资料审核要求，适配票据无因性原则，充分发挥票据作为信用与融资工具支持服务实体经济和中小企业的积极作用，繁荣票据市场。

第二，商票重点审核贴现环节。对于商业承兑汇票，承兑是企业行为，企业申请商票贴现时，金融机构并没有对其支付背景进行任何审核，此时应严格审核真实交易背景，防止商票自承兑始即虚构支付背景、套取银行信用。

第三，银票贴现适配无因性原则，放宽或取消对交易背景的审核。

银票承兑时，银行已经对出票人的资信状况、出票背景进行了严格审核，贴现时票据虽可能已经多次背书转让，贴现环节支付背景与承兑环节支付背景可能不一致，但贴现环节的支付背景因承兑环节的支付背景为真，其虚假可能性已大为减少。为提高贴现业务办理效率，促进银票流通，简化手续，进一步降低企业融资成本，同时清除为企业提供贸易背景“包装”的票据中介，银票贴现环节可不用审核真实交易背景，但应以银票承兑环节严格审核交易背景为前提。一旦取消银票贴现环节真实贸易背景的要求，依托“包装”真实贸易背景而套利的非法票据中介将不复存在，从而也会大幅减少大额风险票据事件的发生。

第四，“基础交易关系真实性”审查方法手段酌情交给票据市场主体决定。或通过审查发票合同，或通过对接业务实际场景，或通过核定贴现限额、审核贴现量与营业收入、纳税情况的匹配度等各种方式，更加精准有效地判断票据交易背景的真实性，实现从贸易背景形式性审查（合同发票）向交易背景实质性审查（能证明交易背景真实性的业务场景）的转变，使合法的持票人资

金需求能在银行得到合理的满足，避免合法持票人通过票据中介违规操作而带来的风险。

四、融资性票据发展展望

（一）发展空间

我国现行票据法律制度体系对票据融资功能关注不够，其中《票据法》第十条中关于“真实的交易关系”的规定是融资性票据发展的法理障碍，无基础交易关系、单纯以资金融通为目的的融资性票据是被我国《票据法》排斥在外的，这就从制度层面制约了融资性票据的发展，缩小了票据市场的发展空间，抑制了票据市场为企业提供直接资金融通功能的发挥。然而，现实中票据融资的需求大量存在，不少企业不得不通过票据中介“制造”贸易背景而签发票据，既增加了融资成本，又潜藏风险。

从国外的发展经验来看，国际成熟票据市场是以融资性票据（商业本票）为主导的。票据市场工具既包括以真实贸易为基础的交易性票据，也包括单纯以融通短期资金为目的的融资性票据。最为突出的就是美国，商业票据（融资性商业本票）和银行承兑汇票（交易性票据）这两种融资工具长期共存。

从国内的票据实践来看，受市场内在驱动力影响，我国票据市场的融资性票据需求较大，现实中存在较高比例的融资性票据。例如，非法票据中介通过伪造或虚构贸易背景进行“包装”的票据，其实质就是融资性票据。另外，存在以关联户贴现为目的的融资性票据，通过开票并贴现来降低融资成本。

（二）实现路径

1. 修订《票据法》及其配套制度体系，为拓展票据融资功能创造良好的法律环境，有效解决融资性票据困境。

作为票据根本大法，《票据法》自1995年诞生，于2004年修订之后一直沿用至今。其间，我国票据市场发生了天翻地覆的变化，诸如融资性票据需求等现实问题，与现行法律不相匹配，容易产生“灰色地带”，滋生票据中介。

建议尽快修订《票据法》，或者修订相关配套制度进行先行试点，以解决融资性票据困境。如果明确取消票据真实交易背景甚至承认融资性票据地位，应当对《票据法》第十条加以准确性的描述，不排斥以融资为目的的票据签发，即将融资性票据也纳入《票据法》的范畴。

2. 从长远看，在法律体系中引入票据的无因性。从国际惯例看，大陆法系和英美法系均认同票据行为的无因性。无论是票据市场的发展需要还是从国际惯例看，将无因性引入法律体系中都是十分必要的。票据无因性从根本上保障了持票人相关权利的确定性，从而有效地促进了票据的流通，这也是票据融资功能赖以发挥的前提。票据无因性本身就是减少对真实交易背景的关注，转而关注票据需求本身。

3. 积极引导及促进商业信用的培育，推动发展商业信用。国外票据市场的蓬勃发展，实际上是基于商业本票及银行承兑汇票的繁荣。而我国《票据法》第七十三条明确规定，“本法所称本票，是指银行本票”，从而完全排除了商业本票的使用，这就从制度上极大地限制了融资性票据的发展空间。

基于有效防范化解金融风险、切实降低企业融资成本的考虑，大力培育发展商业信用、推动商业承兑汇票市场发展、推广电子商业汇票货币化支付、拓展应收账款票据化和供应链票据融资、适时推出商业本票等应是重要方向。未来，进一步加快和促进商业信用的发展，将大幅提升票据业务的市场空间和服务效能，为发展普惠、绿色、可持续的票据金融、服务实体经济高质量发展作出积极贡献。

参考文献

[1] 孔燕 . 拓展票据融资功能服务民营小微企业 [J]. 清华金融评论，2019(4) : 57−62.

[2] 逯剑，张虎．票交所时代完善票据业务监管的若干建议 [J]. 中国银行业，2017(6)：42−45.

[3] 秦书卷，彭歆怡．票据的真实贸易背景与融资性票据问题研究 [J]. 票据研究，2020(1)：95−112.

[4] 上海票据交易所编．中国票据市场：历史回顾与未来展望 [M]. 北京：中国金融出版社，2018.

推动票据承兑稳健发展[①]

李明昌　汪武超[②]

人民银行等八部门联合出台《关于规范发展供应链金融　支持供应链产业链稳定循环和优化升级的意见》，提出23条政策要求和措施，稳步推进供应链金融业务规范发展和创新。票据在服务供应链企业方面具有独特优势，票据业务将在供应链金融浪潮下加速创新发展。

一、商业银行承兑业务发展概述

近年来，票据承兑市场的发展特点主要体现在以下五个方面：

一是承兑业务规模快速增长。近10年票据承兑发生额保持30%以上年均增速，2016年以来增速有所放缓。2018年随着上海票据交易所（以下简称票交所）纸电票系统的完全融合及相关制度机制的日渐完善，承兑业务恢复增长，年均增速维持10%以上。2020年1—8月，票据承兑发生额14.75万亿元，同比增长11.13%。8月末，票据承兑余额为13.97万亿元，比上年末增长10.17%。

① 本文系中国票据研究中心“商业汇票承兑业务风险分析与制度建议”课题研究成果。
② 作者简介：李明昌、汪武超，现供职于招商银行。

二是纸票与电票完成时代更替。2016年以前，票据市场以纸票为主，票据风险案件的爆发直接促进了电票的应用普及。按照人民银行的文件要求，2017年起一定金额以上的商业汇票全部通过电票办理，此后电票承兑发生额占比快速提升，2019年升至98%，此后基本维持95%以上，至此，电票与纸票完成了时代更替。

三是贴现承兑比在高位波动。票交所成立以来，通过一系列制度建设和系统建设，使票据市场流转机制、交易制度、风控措施更加完善，票据到期兑付更有保障，融资和交易功能进一步凸显，企业签发的票据在商业银行进行贴现的比例超过50%。据统计，2017年以来月均贴现承兑比为58%，最高月份超过80%。

四是商票承兑规模缓慢增长。由于我国商业信用体系尚未发展健全，商票签发承兑量增长较缓慢，所幸近两年开始加速增长。2016—2019年，商票承兑发生额分别为0.9万亿元、2.72万亿元、2.55万亿元和3.02万亿元，从趋势看呈加速增长，市场占比分别为4.97%、16%、13.96%和14.82%，整体水平仍较低。商票发展缓慢导致大部分企业难以通过自身信用输出降低其供应链上下游的综合财务成本。

五是承兑机构的结构失衡。政策性银行、国有商业银行的信贷规模大，但其承兑业务占比相对低，大部分股份制商业银行的承兑业务与其信贷规模、内生资本增长相匹配，个别股份制商业银行与部分城商行承兑业务占比失衡，这类机构办理承兑业务主要是为了吸收保证金存款，弥补负债渠道少和高成本的劣势，导致其承兑业务规模远超合理水平，进而埋下风险隐患。

二、承兑业务风险及原因分析

（一）承兑业务风险事件回顾

1. 伪造存单质押开立银票骗取银行资金。中国裁判文书网公布判决书显示，2015年7月22日，吴某俊伙同他人，通过伪造Y银行的存单，提供虚假资料办理存款人委托吴某俊质押存单的公证，并由A公司提供虚假的农膜购销合同、增值税发票，骗取Y银行票面金额为350万元的电子银行承兑汇票，通过贴现后转账298.72万元至被告人吴某俊个人账户。后被告人吴某俊将上述钱款用于个人消费使用，造成Y银行损失314.01万元。原审法院认为，吴某俊以非法占有为目的虚构事实，诈骗公私财物，其行为构成诈骗罪；吴某俊采用提供虚假的存单进行质押担保的方式，欺骗银行开具承兑汇票，给银行造成重大损失，其行为构成骗取票据承兑罪。判决吴某俊数罪并罚，执行有期徒刑14年，并处罚金15万元。原审判决后，吴某俊不服判决上诉，二审维持原判。

2. 超额承兑票据到期后却无力兑付。2020年8月24日，宁夏银川市中级人民法院发布消息称，被告单位宝塔石化集团有限公司及被告人孙某某等犯票据诈骗等罪一案开庭审理。公诉机关指控，被告人孙某某为了达到为宝塔集团融资的目的，在明知宝塔集团巨额亏损、资不抵债、无兑付能力的情况下，指使财务公司通过审核签发无真实贸易背景的电子银行承兑汇票的方式进行融资，指使他人实施签发无真实贸易背景电子银行承兑汇票、提供所需的增值税发票、出具相应材料等行为。被告人霍某、刘某某、黄某某、陈某、薛某某、崔某某身为被告单位财务公司的总经理等，违规与被告人朱某某等票据中介合作，明知办理的电子银行承兑汇票业务无真实贸易背景的情况下，仍然予以审核签发。自2016年4月至2018年10月31日，财务公司共计审核签发无真实贸易背景电子银行承兑汇票票据金额284.60亿元，至案发，未兑付银行承兑汇票金额171.29亿元。

3. 盗用优质企业身份签发伪假商票进行诈骗。前期，中交一公局集团有限公司、中国建筑第八工程局有限公司、中国建筑第六工程局有限公司和中国建筑第五工程局有限公司相继发布公告称，有不法分子涉嫌伪造上述企业资料，冒用公司名义开立银行账户，并通过虚假账户签发和承兑电子商票，部分票据已流入市场其他企业。经查，被冒名开立的银行账户基本为异地新开立账户，在开立账户的同时开通电票业务权限，并在短时间内集中签发票据。梳理上述伪假商票案例发现有三类情形：一是不法分子骗取央企、国企资料冒名开立银行账户，并开通网银后大量签票；二是不法分子伪造央企、国企的控股关系，以子公司名义完成工商注册，并在银行开立结算账户，签发商票；三是利用银行系统的漏洞，将承兑人名称填写为央企、国企，实际上并未经真实企业承兑。目前，票交所已对发现的伪假电票采取撤票、提前结清或锁定等管控措施，避免继续在市场流通。但多数商业银行尚未建立有效措施，通过系统识别、事中控制从源头杜绝伪假商票。

4. 循环滚动签发银行承兑汇票进行空转套利。2019年以来，票据套利及风险问题受到市场广泛关注。在利率低位运行市场环境下，贴现利率与结构性存款利率、理财产品收益率存在一定利差空间，企业循环开票套利的行为屡禁不止。据统计，2015—2019年有22家银行因违规滚动签发银行承兑汇票受到监管处罚，处罚金额合计1317万元。滚动开票套利对市场发展有三害：一是干扰货币政策的制定和决策，扰乱金融秩序，且导致存贷款及货币供应量统计虚增，干扰政策制定者对宏观形势的准确判断。二是资金链断裂可能引发金融风险。企业在多家银行相互开票贴现，滚动签票套利，一旦资金链断裂，就会引发承兑风险，进而传染至其他承兑行形成系统性金融风险。三是资金脱离实体经济，损害经济发展，使原本应该用于支持企业生产、商品流通的信贷资金体外循环，而真正需要资金支持的企业却无法获得融资，损害实体经济发展。

以上案件背后隐藏着种种复杂诱因，可以作为分析承兑业务风险的代表样本。

（二）承兑业务发生风险的原因

导致票据承兑业务发生风险的因素很多，有监管制度的短板，有银行内控的缺陷，有系统流程的漏洞，也有人的道德风险，具体包括以下几个方面。

一是法律制度和监管政策不够完备统一。《票据法》《支付结算办法》及后续出台的系列监管规定对承兑业务要求过于笼统，不够具体。现行制度中涉及贴现、转贴现业务的规定较多，而涉及承兑业务的规定较少，政策滞后于承兑市场创新步伐，且个别条款存在新旧冲突、标准不一等情况，商业银行执行尺度难以把握。

二是承兑业务限额监管缺失或未真正落地。现行监管制度中虽强调了承兑业务要科学核定客户授信规模，严禁超额签发票据，但未明确提出承兑限额监管指标，未真正实现限额监管，未对超额承兑的情况进行监控和警示风险，导致出现一些财务公司超额承兑到期后无力兑付的事件。

三是商票签发和承兑尚未实现专项监管。一方面是过去30多年的票据市场发展始终以银票为主，商票市场份额小，比照贷款管理，其风险并未引起监管足够关注。另一方面是商票签发、承兑是企业行为，而监管部门主要关注金融机构行为，对商票签发、承兑没有明确要求，没有建立企业承兑总量限额监管及承兑信用信息披露机制，企业签票门槛低，签票兑付信息不透明，蕴藏欺诈风险和兑付风险。

四是银行放松审查使业务脱离真实贸易背景。在实际操作中，一些银行人员往往错误地认为，承兑申请人只要存入全额保证金，承兑业务便没有风险。因此往往放松对客户身份识别和资信状况调查，忽视对真实贸易背景的实质性审查，没有及时发现甚至默许企业签发无真实贸易背景的银行承兑汇票，带来合规风险，甚至被不法分子利用伪造的存单质押签发银行承兑汇票骗取资金。

五是部分机构超额签发承兑最终无力兑付。承兑业务可以吸收保证金存款，银行人员出于业绩考核需要，利用票据承兑吸收保证金存款、做大存贷款规模，赚取中间业务收入，这种行为促进了票据业务超常规、非理性发展。一旦商业银行超额签发银票或者其负债过于依赖保证金存款，会对其流动性带来隐患甚至引发兑付危机。

六是银企利用票据空转套利虚增存贷款规模。票据贴现计入信贷规模，票据利率又随行就市，在特定时期票据贴现利率容易出现大幅波动，甚至低于理财产品或结构性存款的收益率，带来套利机会。企业和银行都有动力通过票据业务进行资金空转套利，企业可以赚取利差，银行可以做大存贷款规模、赚取利息收入。

七是银行内控缺失导致内外人员勾结作案。近年来发生的票据纠纷案件，几乎都涉及伪造票、变造票、空壳票等情况，背后都离不开虚假贸易背景、银行“萝卜章”及票据中介等因素。究其原因，一方面是商业银行制度流程设计存在缺陷，相关岗位设置不符合相互监督、相互制衡的风险控制机制，风险控制措施不够完备，导致不法分子有机可乘；另一方面是业务人员操作上未严格执行规章制度，要么是经验不足，被外部人员蒙骗，要么是故意为之，内外勾结作案。

三、促进承兑业务规范发展的解决方案

（一）设置承兑余额限额监管指标

承兑限额监管有助于引导部分中小机构理性开展承兑业务，促进票据市场良性发展。

1. 对商业银行承兑实行限额监管。建议对商业银行承兑业务设定限额监管指标，如单一银行法人的承兑余额不得超过其同期对公贷款余额的50%。

人民银行公布的信贷收支表数据显示，2019年末，全国金融机构人民币对公贷款余额为88.65万亿元，2020年6月末为96.46万亿元，假设按照对公贷款余额的50%作为承兑余额上限，则整个承兑市场的空间将达40万~50万亿元，而截至2020年6月末，全市场承兑余额为14.19万亿元，其中银票承兑余额12.24万亿元。

各商业银行承兑业务的市场份额差异也大，工行、农行、中行、建行、交行、邮储银行、国开行、农发行8家中资大行的对公信贷投放总量占全市场投放量的50%，而其签发的银行承兑汇票仅占票据签发总量的20%；股份制商业

银行及其他中小城商行、农商行对公信贷投放总量与大行基本持平，但其签发的银行承兑汇票却占全市场票据签发总量的80%，超额承兑情形在中小银行中较突出。

表1 主要金融机构对公信贷余额及承兑余额对比

机构	2019年12月末			2020年6月末		
	对公信贷余额（亿元）	承兑余额（亿元）	占比（%）	对公信贷余额（亿元）	承兑余额（亿元）	占比（%）
国开行	97178	—	—	103115	—	—
农发行	54810	—	—	59129	—	—
中行	52344	3403	6.50	55646	3385	6.08
农行	69277	4755	6.86	76595	5053	6.60
工行	82338	3379	4.10	89596	3636	4.06
建行	67780	2688	3.97	77613	2719	3.50
交行	27404	3085	11.26	30321	3232	10.66
邮储银行	15472	369	2.38	17468	410	2.35
招商银行	13881	3017	21.73	15305	2991	19.54
民生银行	17059	6125	35.90	18530	5742	30.99
浦发银行	17171	5253	30.59	19485	5343	27.42
兴业银行	16140	8494	52.63	18083	8741	48.33
光大银行	13303	7927	59.59	14780	7932	53.67
中信银行	16909	4434	26.22	18128	4630	25.54
平安银行	7048	4642	65.86	7744	4479	57.84
华夏银行	11038	3590	32.53	12205	3355	27.49
广发银行	6171	2983	48.34	7246	3230	44.58
江苏银行	5565	1521	27.33	6233	2701	43.34
上海银行	4990	901	18.06	5296	1169	22.07
北京银行	8562	1707	19.94	8944	1949	21.79
渤海银行	4346	2109	48.53	4808	—	—
浙商银行	6497	3192	49.12	7115	3277	46.06
恒丰银行	3731	1549	41.50	4035	—	—

数据来源：金融机构人民币信贷收支报表，各银行2020年半年报。

以2019年12月末数据为例，如果以对公信贷余额的50%设定为承兑余额上限指标，则部分股份制商业银行的承兑规模已经到临界点或已经超出限额，如兴业银行、光大银行、平安银行的占比已超过50%上限，广发银行、渤海银行、浙商银行、恒丰银行已接近50%，民生银行、浦发银行、华夏银行在30%~40%，其他股份制银行均低于30%，8家大行的占比低于15%，还有较大的增长空间。另外据悉其他个别“网红”中小银行的占比已远超50%。

通过承兑总量限额监管，有助于削减一些“网红”银行的票据兑付风险，改善其流动性状况，降低票据承兑业务总量风险，也有助于引导各经营机构保持承兑业务合理结构和总量。

2. 对企业和财务公司承兑实行限额监管。相较于银票承兑而言，商票和财票（财务公司承兑的票据）承兑更有必要设置限额监管指标，并严密监控、及时提示风险。因为商票的签发与承兑是企业行为，商业银行审查企业签票承兑行为缺乏明确的制度依据，因此商票承兑缺乏必要的事前审查和事中监控机制，存在较大的风险隐患。回检伪假商票案件发生过程发现，当前企业签发商票的门槛过低，缺乏事前审查和限额监控，导致不法分子有机可乘。

鉴于此，建议将商票承兑一并纳入限额监管，同时明确企业签发承兑商票的资质要求，明确对企业资质审查的主体责任。实行商票承兑限额监管的目的是防止少数企业超出自身偿债能力签发商票进行融资，或空壳公司签发无力兑付的商票套取银行资金。

关于商票承兑限额指标设定，可结合企业对外支付总量或负债总量设定合理的承兑限额指标。例如，原则上单一企（事）业法人的商票承兑余额不得超过该法人对外采购支付款项总金额的80%，且不得超过该法人总负债的30%，二者执行孰低原则。鉴于财务公司本质上属于企业（集团）内部机构，但又归类于金融机构，应针对财务公司单独设立承兑限额监管指标，实行专项监管。

（二）实行承兑业务分类经营与监管

对商业银行承兑业务进行限额监管的同时，还应对承兑业务进行分类经营、分类监管，并建立配套机制。

按照企业申请签发票据的目的，可将银行承兑汇票分为贸易型承兑汇票和融资型承兑汇票。

1. 对贸易型承兑汇票分类监管。贸易型承兑汇票，是基于企业真实贸易背景和支付结算需求签发的银行承兑汇票，要求必须提供和审查真实贸易背景资料。根据风险缓释品是否为保证金，贸易型承兑汇票又可分为全额保证金和全授信敞口两类，其中全授信敞口承兑汇票，可参照国内信用证相关监管规定，按照敞口的金额计提20%的风险资产，承兑手续费可参照流动资金贷款的利差合理定价收取；全额保证金承兑汇票有全额保证金作为风险缓释工具，不计提风险资产，可结合存款利率收取至少万分之五的承兑手续费。在修订的管理办法中明确要求，单一银行法人的贸易型承兑汇票中全额保证金承兑余额不得超过全授信敞口承兑余额。同时对利用虚假贸易背景签发贸易票的行为进行严查重罚。这样可以从总量上约束全额保证金循环开票套利导致资金脱实向虚的不合理行为。

2. 对融资型承兑汇票分类监管。除贸易型票据，还应允许融资型票据发展，发挥其融资功能。融资型承兑汇票的签发，完全基于企业真实的融资需求（真实债权债务关系），同时融资型票据的出现也有利于拓宽企业的融资途径，改善和降低企业的融资成本。融资型承兑汇票的签发，不需要提供贸易背景资料，不收取承兑保证金，比照流动资金贷款，按100%计提风险资产，承兑行可参照流动资金贷款利差收取2%~3%的承兑手续费，以覆盖承担的信用风险和资本、拨备成本。

贸易型票据和融资型票据在签发时在系统“打标”进行有效区分，商业银行可在票据流通时针对不同属性的票据区别定价，分类经营，精细管理。从业务实践看，全授信敞口的贸易型承兑受商业银行自身资本和授信总规模的双重约束，目前市场出现的票据套利行为，主要是企业通过全额保证金循环开票（不占资本和授信额度）实现套利。如果能够通过设定合理的监管指标引导融资型票据、全额保证金票据适度发展，从而引导商业银行通过内生资本增长带动承兑业务持续增长，从根本上约束商业银行盲目发展。

（三）新方案实施对票据市场的影响

截至2020年6月末，票据市场承兑余额为12.24万亿元，结合市场调研情况估算，其中约有40%为贸易型票据，即4.88万亿元，60%为融资型票据，即7.32万亿元。在4.88万亿元贸易型票据中，按平均35%的承兑保证金比例估算，全额保证金的承兑余额为1.71万亿元，而全授信敞口的承兑余额为3.17万亿元。从负面影响看，新方案实施在短期内可能导致商业银行承兑业务活跃度有所降低，承兑总量大、增速快的少数银行面临压降承兑规模的压力，并可能造成承兑总量减少，进而影响票据市场的供给。从正面影响看，限额监管可以约束部分中小银行承兑业务非理性增长，降低承兑业务乃至票据市场的风险总量，同时能够给予融资型票据一定发展空间，有利于激发市场活力，推动票据业务创新发展。综合来看，实施“限额监管、分类监管”，在短期有一定负面影响，但长期看利大于弊。

四、新方案实施的前提条件与配套措施

（一）明确具体监管要求

第一，要明确承兑限额管理要求。明确限额监管指标，一是单一银行法人的承兑余额不得超过其同期对公贷款余额的50%。二是单一企（事）业法人的商票承兑余额不得超过该法人对外采购支付款项总金额的80%，且单一企（事）业法人的商票承兑余额不得超过该法人总负债的30%。三是单独对财务公司设置承兑限额指标，防止财务公司帮助其集团成员企业超额签发票据进行

融资。

第二，要明确承兑业务分类监管要求。建议明确贸易型票据和融资型票据的概念和分类监管要求，规定贸易型承兑汇票中全额保证金的承兑余额不得超过全授信敞口的承兑余额；明确融资型承兑无须提供贸易背景资料，而贸易型承兑必须严格审查贸易背景；明确贸易型承兑敞口部分比照国内信用证计提相同的风险资产①，以消除承兑业务与国内信用证两产品的监管政策套利空间。

第三，要明确商票签发与承兑的监管要求。对商票的签发、承兑的资质，审查要求以及承兑信息披露等重要内容予以明确，防止再次发生企业超额承兑、不法分子签发伪假商票等典型风险。

（二）加快承兑人信用评级机制建设

推动票据信用评级有助于形成市场准入机制，降低市场的非系统性风险。票据信息披露和信用评级相互支持促进，一方面，商票信用评级不能简单套用债券评级模式，要建立一套适合票据业务特征的评级方法；另一方面，也不能因评级而增加承兑人和持有人的成本费用。因为商票市场发展需要大量中小企业参与，对于中小企业来说，信用评级成本过高，评级更新频度太低，无法普遍适用于大量高频的商票承兑和背书贴现。建议参照支付宝、微信等信用评分模式，通过票据信息及承兑人信用信息的大数据积累，探索建立商票承兑人信用评分综合评价体系，可应用于不同规模、不同类型企业，动态跟踪监测评

① 巴塞尔协议Ⅲ于2017年12月发布，在其第12章表外项目中，有关于信用转换系数（CCF）的描述：“20%CCF可以运用到开立或保兑具有自偿性的短期信用证，此类信用证须用于货物贸易且有运输中货物作为担保。”这一原则发端于国际大宗商品等货物贸易，期限短，且有贸易物品存在，有较强的自偿性，因此信用风险权重较低。目前国内信用证按照巴塞尔协议Ⅲ中上述规定，CCF适用20%系数，即按20%比例计提风险资产。从风险承担主体和风险控制逻辑来看，贸易型承兑和国内信用证都是承兑行/开证行对企业的债权，都基于真实贸易背景关系，具有明显的自偿性，应同样适用巴塞尔协议Ⅲ中关于表外项目CCF的规定，按20%的比例计提风险资产，以保证贸易型承兑与国内信用证这两个信用风险承担相同、产品融资功能相似的产品在同样政策环境下公平竞争。

估，有效识别和警示票据信用风险。

（三）完善风险定价，提高承兑业务价值

尽管票据承兑业务已是市场化定价，但商业银行仍按万分之五的惯例收费。承兑业务作为占用企业授信资源、100%占用风险资本的业务，实际上万分之五的手续费无法覆盖各项成本，这就要求企业提供高比例保证金作为补偿和风险缓释，久而久之导致承兑业务异化为银行吸收存款和企业循环签票套利的工具，滋生空转套利风险。

要保障“限额监管、分类监管”能够顺利施行又不影响承兑业务增长，核心要义就是银行要根据承兑业务实质风险承担建立风险定价体系，实现分类定价、分类经营。

具体讲，对占用风险资产和授信资源的承兑，要比照对公贷款定价，综合考虑敞口金额、贷款利率、资金成本、资本成本和运营成本，合理收取2%~3%的承兑费用，以覆盖风险和成本；对贸易型承兑和融资型承兑要分类定价，融资型承兑完全基于企业真实融资需求，不收取承兑保证金，100%计提风险资产，其定价应高于贸易型承兑，而贸易型票据中，全额保证金承兑为低信用风险，不计提风险资产，可结合存款利率收取不低于万分之五的承兑费用，而全授信敞口承兑比照国内信用证，计提20%风险资产，且无保证金作担保，其定价应高于全额保证金承兑。

（四）加强日常管理，确保合规稳健发展

承兑业务发生风险，归根结底是商业银行管理的问题。商业银行要加强管理，将表外承兑业务真正视同表内贷款业务建立日常管理和风险控制机制，全面防范操作风险、合规风险、信用风险和欺诈风险。一是加强承兑申请人准入审查，不因高比例保证金或其他质押品的存在而放松承兑申请人资质审查，防止空壳企业、不法企业利用票据业务套利、套现、套信。二是加强承兑贸易背

景审查和管理。按照分类监管要求，对贸易型承兑业务要严格审查贸易背景，确保相关合同、发票真实、完整、合理，及时收集和保存相关合同发票等贸易背景资料，严禁办理无真实贸易背景的贸易型承兑业务；对融资型承兑业务，要审查企业融资需求的真实性、合理性，确保为企业提供的融资合理，符合监管要求。三是严格执行限额管理，建立承兑台账和日常限额管理机制，确保承兑业务符合监管限额指标和比例约束，防止超额承兑带来的合规风险和信用风险。四是严格执行制度，合规办理业务。重点加强保证金、抵（质）押担保和第三方保证的审查，防止伪造存单质押开票；加强纸质空白承兑汇票领用、出售、收回、销毁等重点环节管理，落实责任人。五是加强人员管理。对新员工加强制度技能知识培训，防止被外部人员欺骗或流程误操作；加强关键岗位人员管理，防止“一手清”办理承兑业务和内外人员勾结作案。

票据资产与信贷业务研究

谢晶磊[①]

[摘　要] 票据资产在贴现后作为信贷资产处理。票据资产的信贷属性为票据交易增加了难度。但在《贷款通则》中，票据贴现被定义为具有交易和信贷双重属性。按照票据贴现行为二分的理论，在转贴现业务中，信贷资产并未发生转让。在银行承兑汇票贴现业务中，贴现业务的信贷属性正在被逐渐剥离，将票据贴现行为二分也可以更好地控制商业承兑汇票贴现的风险。

[关键词] 票据贴现　票据资产　信贷资产　信贷规模

1996年8月1日《贷款通则》开始实施，其目的是规范贷款行为，保护借贷双方的合法权益，提高贷款质量，加速信贷资金周转。《贷款通则》第九条规定："票据贴现，系指贷款人以购买借款人未到期商业票据的方式发放的贷款。"《贷款通则》发布后，商业银行纷纷将票据贴现归入信贷业务管理，票据贴现规模纳入信贷规模统计，将票据资产看作信贷资产。票据资产的信贷属性为票据交易增加了难度，使交易双方无法对票据资产进行准确定价和估值；

① 作者简介：谢晶磊，现就职于上海票据交易所监测部。

同时票据资产的信贷属性也为票据交易增加了障碍，为非信贷业务机构投资票据资产制造了政策壁垒。为此，我们需分辨信贷属性对票据交易影响的利弊，厘清票据资产与信贷业务关系，为票据资产与信贷业务构建更和谐的关系。

一、信贷属性对票据交易的影响

2019年票据交易量峰值出现在3月28日、7月30日和1月30日。此外，交易量排名前十的交易日中，有7个交易日处于每月的下旬靠近月末，另外3个交易日为月初，没有月中的情况。其中，票据交易量峰值有5个交易日在1月，3月和7月各有2个交易日（见表1）。

表1　2019年交易量前十交易日①

日期	交易量（笔数）	交易量（亿元）
2019-03-28	2241	4102.26
2019-07-30	2161	3771.38
2019-01-30	2111	3633.09
2019-01-10	2527	3572.36
2019-03-26	2213	3295.92
2019-01-24	2181	3116.03
2019-07-02	1632	3044.01
2019-01-22	2038	3031.73
2019-01-29	2174	3014.92
2019-05-07	1531	3002.55

2019年交易量按月排名前三分别为1月、7月和3月，而这3个月分别代表目前信贷业务对票据交易的三种影响情况。

① 参见上海票据交易所官网统计日报，http://www.shcpe.com.cn/info_131_itemid_1826.html。

（一）票据业务开展会同时推动银行存贷款业务

每年1月是金融机构拓展业务的重要时点。根据人民银行公布的2019年社会融资规模增量统计表，自2017年起，每年社会融资规模增量的峰值都出现在1月。2019年1月新增人民币贷款35668亿元，其中票据贴现16866亿元，属于贷款新增的重要组成部分。金融机构在拓展业务时，票据业务一般作为重点工作进行推进，这是因为票据业务可以同时推动存款业务和贷款业务。金融机构为企业办理票据承兑时会向企业收取保证金，保证金可以增加金融机构存款；金融机构为企业办理贴现时买入票据资产，票据资产可以增加金融机构信贷规模。在存款利率和贴现利率倒挂的情况下，企业就可以利用息差进行套利，使金融机构存款和贷款迅速上升。

（二）票据资产成为调节金融机构信贷规模的工具

2019年票据交易量在3月和7月出现了两次较大的波动，但这2个月票据交易的结构和交易利率的走势却呈现了完全不同的形态。金融机构第一季度业务一般会高歌猛进，在3月末通常会出现信贷投放过量。信贷规模考核指标超标的情况。2019年3月，大部分金融机构出现了信贷规模考核指标超标的情况，从票据交易情况来看，非银机构作为转贴现买方发生交易2558.7亿元，作为转贴现卖方发生交易80.6亿元，票据资产从银行机构向非银机构净流出2478.1亿元①。2019年7月与3月的情况则完全相反，从中国人民银行公布的2019年社会融资规模增量统计看，7月社会融资规模增加12872亿元，为3月以来的最低值。7月末贴现银行承兑汇票增加量为–4562亿元，然而上海票据交易所（以下简称票交所）公布的数据显示，7月商业汇票承兑发生额相比前两个月并未出现明显的负增长，因此可以推测，7月商业银行由于正常信贷投放不足，转而通过贴现的方式来增加信贷投放；同时在二级市场，非银机构作为转贴现买方

① 非银机构不受信贷规模考核限制，其持有的票据资产不纳入信贷总量统计。

发生交易375亿元，非银机构作为转贴现卖方发生交易2776.1亿元，票据资产从非银机构向银行机构净流入2582亿元。

综上所述，票据资产在金融机构信贷规模紧张的时候，会从信贷类金融机构向非银机构转移。当社会融资规模增量放缓时，信贷类金融机构会优先通过贴现的方式投放信贷，同时票据资产会从非银机构向金融机构转移。

（三）票据资产的信贷属性会导致票据资产的价格与同类型资产发生背离

一般情况下，票据资产的信贷属性不会对票据资产的交易价格造成影响。但是当金融机构信贷投放过量，出现信贷规模紧张，或者金融机构信贷投放不足，出现社会融资规模增量放缓时，票据资产的交易价格就会与同类型资产发生背离。同业存单是一种在银行间市场发行的资产，其到期收益率代表着以存单发行人为信用主体的资产收益情况。对于信用主体，票据市场采用国有商业银行、股份制商业银行等分类，同业存单市场采用的是主体评级的分类。因此，我们可以将同业存单市场AAA+级机构发行的存单收益情况与票据市场国有商业银行、股份制商业银行承兑的票据交易利率进行比较（见图1）。

图1　2019年同业存单收益率与票据转贴现收益率

从2019年同业存单收益率与票据转贴现收益率曲线之间的走势可以看出，第一季度票据转贴现收益率处于同业存单收益率的上方，在3月末票据转贴现收益率出现了向上的大幅波动。第二季度票据转贴现收益率基本与同业存单收益率持平。第三季度和第四季度票据转贴现利率处于同业存单收益率下方，并且在7月和11月末出现了明显的向下的大幅波动。

2019年3月末票据转贴现收益率出现向上波动的主要原因是金融机构信贷规模紧张，而票据交易可以削减转贴现卖出方信贷规模，增加转贴现买入方信贷规模，因此票据转贴现价格出现了大幅跳升。

2019年社会融资规模增量最低值为10月（8690亿元）、2月（9665亿元）和7月（12872亿元）。[①]2019年2月仅17个工作日，并受到春节影响，因此社会融资规模增长较慢。7月中，人民银行对部分商业银行进行了窗口指导，要求加快信贷投放。10月社会融资数据不佳，市场预期人民银行将在11月再次开启窗口指导。最终导致的结果是，7月票据转贴现收益率在月中快速下降，在月末到达最低点，8月初出现快速回升。从10月初至11月底，票据转贴现收益率再次出现下跌，但相比7月下跌的降幅放缓，从图1可以看出从7月10日至12月31日，票据转贴现收益率曲线与同业存单到期收益率曲线围成了两个大三角。

二、票据贴现业务与信贷业务关系

《贷款通则》规定："票据贴现，系指贷款人以购买借款人未到期商业票据的方式发放的贷款。"根据《贷款通则》票据贴现的定义可以推出两层含

① 参见中国人民银行调查统计司，2019年统计数据社会融资规模。http://www.pbc.gov.cn/diaochatongjisi/116219/116319/3750274/3750282/index.html。

义：一是票据贴现中贴现申请人为借款人，贴现银行为贷款人。二是票据贴现中贴现申请人为商业票据卖方，贴现银行为商业票据买方。根据第一层含义，贴现申请人为借款人，则按照《贷款通则》第十九条规定，借款人应当按借款合同约定及时清偿贷款本息。而第二层含义中，银行依据交易行为，买入票据成为票据权利人，票据到期银行可以向承兑人行使票据权利，获得票面资金。

（一）还款请求权与票据追索权的差异

按照《贷款通则》对票据贴现的定义，银行在办理票据贴现业务时获得了两项债权，一项是对贴现申请人的还款请求权，另一项是对票据承兑人的票据权利。银行的票据权利来自《票据法》，贴现申请人将票据背书转让给银行后，银行成为票据持票人。银行的还款请求权来自贴现协议，银行按照协议的规定请求借款人还款。但在业务实践中，大部分银行把对贴现申请人的还款请求权与票据追索权混同。

票据追索权与还款请求权主要有以下几个方面的不同：一是票据追索权的行使需要持票人提供拒绝证明，而还款请求权的行使只需要贷款银行证明票据承兑人未按约定支付票款。二是票据追索权仅能在票据到期拒付后行使，而还款请求权在出现借款人违反《贴现协议》的情况时就可以行使，如借款人未按约定用途使用借款。三是票据追索权可以向承兑人、出票人和任一的票据背书人或保证人行使，而还款请求权仅能向借款人行使。四是票据追索权金额除票面金额外包括汇票金额自到期日或者提示付款日起至清偿日止、按照人民银行规定的利率计算的利息以及取得有关拒绝证明和发出通知书的费用，而还款请求权可以根据贴现协议要求借款人支付逾期罚息，对于借款人未支付的逾期罚息，还可以自逾期之日起按照罚息率和实际逾期天数收取复利。五是票据的追索权和再追索权必须在6个月和3个月内行使，不行使的权利消灭，而还款请求权属于一般债权，诉讼时效为3年。

（二）还款请求权的行使

商业银行在完成贴现操作后可以同时获得票据权利和还款请求权，但是贷款银行在行使还款请求权时存在一定的前置条件。

在借贷关系中，贷款人一般享有贷款挪用返还请求权和还款请求权。贷款人发现借款人未按约定用途使用融资款项的，有权请求借款人返还贷款本金并支付挪用贷款罚息。但在贴现业务中，由于贷款人向借款人发放的贷款同时构成票据交易的对价，因此，贷款人如要求借款人清偿本息，则贷款人需向借款人返还票据。换言之，如贷款人在贴现票据后将票据转贴现，则即使贷款人发现借款人有挪用贷款的行为，由于贷款人未持有票据，也无法行使贷款挪用返还请求权。同理，票据承兑人到期未付款，贷款人按照《贴现协议》向借款人请求还款并支付罚息的前提是贷款人持有票据，如贷款人已将票据转贴现的，无法向借款人行使还款请求权。

三、票据资产不属于信贷资产

票据贴现是交易关系与信贷关系的组合。票据权利的行使和还款请求权的行使存在明显的差别。但在业务实践中，票据贴现完成后，贴现票据被作为信贷资产管理，需统计信贷规模，已贴现票据的转让还会引起信贷规模的变动。这就导致票据成为各商业银行信贷规模调节的工具，在一些信贷规模考核的关键时点，造成票据市场的剧烈波动。

票据贴现中的交易关系会产生票据资产的转移，票据贴现中的信贷关系会产生信贷资产。将票据资产视为信贷资产是将这两层法律关系的混同，不利于厘清票据资产、信贷资产和信贷规模这三者之间的关系。

票据资产属于有价证券，银行转让票据资产需符合《票据法》的规定，通过背书的方式进行。信贷资产属于合同债务，信贷资产的转让需符合《合同法》的规定，债权人转让权利的，应当通知债务人。而信贷规模则是对信贷资产的统计，只有信贷资产发生转让，才会发生信贷规模的变动。在票据二级市场交易中，贴现银行将贴现取得的票据资产转贴现[①]给其他金融机构，但对于贴现业务取得的信贷资产未进行转让。因此，在票据转贴现业务中，虽然票据资产发生转让，但信贷资产未变动，信贷规模也不应该发生变动。

四、票据贴现与信贷关系正逐渐脱离

票据贴现由交易和信贷两个行为组成，贴现银行一般通过对承兑人授信来控制票据交易行为的风险，对贴现申请人授信来控制信贷行为的风险。因此，按照《贷款通则》对票据贴现业务的定义，票据承兑人和贴现申请人需同时满足贴现银行的授信要求，贴现银行才能为贴现申请人办理贴现。目前，大部分商业银行在办理银行承兑汇票贴现时，只看承兑银行是否符合授信要求，对贴现申请人则不再进行授信。笔者认为，这种做法具有合理性。首先，从业务逻辑上看，只有票据承兑人到期不付款的，贴现银行才能向贴现人行使还款请求权。因此，票据贴现中对贴现申请人的授信可以认为是对承兑人授信的补充。但在银行承兑汇票贴现中，贴现申请人的信用一般远低于承兑银行，对贴现申请人授信并不能很好地起到缓释承兑行信用风险的作用，但实质上却会影响票据贴现的效率。其次，银行承兑汇票是票据二级市场的主要交易对象，占票据市场交易的95.01%[②]。贴现银行将贴现票据转贴现后无法向贴现申请人行使还款请求权，即使贴现时对贴现申请人进行了授信，在票据承兑人未付款的情况下，贴现银行也可能因未持有票据而无法向贴现申请人行使还款请求权。因此，只对承兑银行授信是对票据贴现业务中信贷关系的剥离，将票据贴现仅作

① 《票据交易管理办法》第四十一条规定："转贴现是指卖出方将未到期的已贴现票据向买入方转让的交易行为。"

② 参见上海票据交易所官网，商业汇票业务数据发生额。http://www.shcpe.com.cn/uploadfiles/2020/05/20200519190232232.pdf。

为交易行为处理，从而在控制风险的情况下提高商业银行办理票据贴现业务的效率。但是，在商业承兑汇票贴现业务中，仍应要求同时对承兑人和贴现申请人授信。这是因为商业承兑汇票的承兑人和贴现申请人信用相近，对贴现申请人授信可极大地降低银行贴现商业承兑汇票的风险，保证贴现银行在承兑人不付款的情况下，仍可以通过贴现申请人保全贷款。

五、票据贴现行为二分对票据市场的影响

《贷款通则》是我国信贷业务的基本遵循。但是《贷款通则》发布至今已24年有余。此时市场主体对信贷行为的认识，与彼时立法者对信贷的认识已经发生了重大的变化。对票据业务而言，将票据贴现行为二分可以解释为何票据贴现业务既是交易行为又是信贷行为。但是从票据业务的发展来看，银行承兑汇票在贴现业务中的信贷属性正被逐渐剥离，同时二级市场交易中，票据转贴现也仅体现票据交易这一层含义。从这两点看，在票据交易中信贷规模是否应该随票据资产的转移而变动存在理论上探讨的空间。

从信贷属性对票据交易的影响来看，票据交易可以转移信贷规模是造成票据市场交易量剧烈变动、票据资产价格与同类型资产发生背离的重要原因。将信贷行为与票据交易行为分离理论上可以使交易机构更多地关注票据资产的投资价值，排除信贷政策对票据市场交易价格的扰动，起到稳定票据市场的作用。同时，票据贴现行为的二分也为商业承兑汇票贴现中如何控制票据信用风险提供了理论依据。监管机构应重视贴现银行对贴现申请人是否进行授信，以及授信是否规范。

新形势下
票据业务风险管理研究

张　蕾　黄　庆[①]

[摘　要]　近年来，票据电子化和交易线上化进程发展迅速，票据融资业务产品持续推陈出新。上海票据交易所（以下简称票交所）作为全国统一的票据交易平台成立后，深刻地改变了票据业务模式和市场格局，推动票据业务发展进入新时代，同时也给票据业务的风险防控带来新挑战、提出新课题。本文结合票交所时代票据业务的新特点以及商业银行票据业务实践，对新形势下票据业务风险新特点、风险防控重点进行了分析，并有针对性地提出了防控措施建议。

[关键词]　风险新特点　防控重点　防控措施

票据市场是我国金融市场体系的重要组成部分，在服务实体经济、传导货币政策方面发挥着重要作用。2016年12月，人民银行建立上海票据交易所（以下简称票交所），着力推进票据电子化和线上交易，通过完善票据市场基础设施为票据业务风险防控打下坚实基础。此后，电票业务占比持续攀升。2018

① 作者简介：张蕾，现任中国工商银行票据营业部市场发展部总经理；黄庆，现就职于中国工商银行票据营业部风险管理部。

年，电票承兑发生额占比94.09%；电票贴现发生额占比97.86%。2019年上半年，电票承兑发生额占比达到97.54%；电票贴现发生额占比达到99.29%。票据业务风险防控的重点也相应转移至电票业务风险的识别、监测与控制。特别是各家商业银行陆续推出线上自助式贴现业务产品后，票据业务的线上化、自动化、自助化程度日益提升，票据业务的经营管理和贴现审查、决策办理要依靠数据信息来支持，系统技术来控制。票据业务对系统的依赖性更强、对数据的真实性和信息校验的完整性要求更高，存在着技术风险和数据风险，风险表现更为隐蔽，风险识别更加困难，风险传染和扩散更加快速。如何识别电票的真伪、判断票据系统的可靠性、评判模型参数的适用性、确保业务办理的安全性，给当前票据业务风险管理带来巨大挑战。

本文主要从商业银行的视角，针对当前票据业务风险点，特别是相对于传统风险的新变化新趋势进行分析，并结合票据业务实践提出市场化约束机制和防控措施建议。

一、新形势下票据业务风险新特点

（一）票据业务信用风险凸显

1. 集团大户信用风险频频暴露。国内外经济发展复杂性、不确定性上升，国内经济下行压力持续加大，在去杠杆调结构、内外部监管持续趋严的形势下，一些高负债融资、过度扩张企业的经营风险逐步暴露，票据违约、债券违约风险持续发酵，对银行信用风险管控能力形成严峻挑战和重大考验。2018—2019年陆续发生宁夏宝塔石化财务公司、亿利财务公司、重庆力帆财务公司、天津物产财务公司承兑票据到期不能兑付事件，充分暴露了大集团公司经营管理问题将牵连财务公司在票据市场、债券市场等金融市场引发信用风险的问题。多家民企、国企因企业经营亏损、资金链断裂引发的商票信用风险也频频爆发。复杂严峻的风险形势要求商业银行重新审视票据业务的信用风险，加强法人大户风险监测、全行会诊、联动应对、跟踪分析，实现法人大户风险的高效化解。

2. 中小银行流动性问题引发信用风险。早期，部分中小银行通过异地设立分支机构和资产投资管理创新等途径实现经营快速扩张，通过票据和同业拆借短期负债资金用于跨区域信贷投资扩张。在经济金融“去杠杆”以及“资管新规”和《商业银行流动性风险管理办法》规定陆续出台等“严监管”政策态势下，中小银行短期同业负债与长期信贷投资期限错配流动性问题凸显，信贷资产质量持续下滑，年报迟迟不予披露，引发金融市场同业担忧而减少对其资金融出，加剧流动性紧张。2019年5月24日，人民银行和银保监会发布对包商银行实行接管的公告，接管期限1年。票交所通知对接管日前同一持票人持有承兑汇票合计在5000万元人民币以上的，由存款保险基金管理有限责任公司提供80%保障，剩余20%票据权利持票人只能另行依法追索。包商银行被接管事件打破了同业刚性兑付的传统观念。一些不披露年报、高度依赖同业负债、单一授信集中度过高、不良率高企、大量承兑无真实贸易背景票据的中小金融机构的信用风险引起市场高度关注。

（二）电票业务操作风险表现新特点

1. 伪假瑕疵电票风险。随着电票系统的推出和广泛应用，传统纸票业务中经常出现的“清单交易”“一票二卖”的操作风险、票据伪假风险大幅减少。电票业务一般情况下无须查询查复，一经签发即视为真实有效的票据，使得电票使用者对电票业务的操作风险防范意识有所放松和削弱。但从实际情况看，电票的使用率和使用者大幅度上升，使原本未重视未发现的风险得以暴露，同时不法分子也在研究如何利用电票系统以及商业银行网银系统进行作案和谋利。原来物理形式的纸质票据伪假风险更新换代为信息系统校验风险。2018年末以来，市场上陆续发现电子商业承兑汇票故意错误记载承兑人为银行或知名企业等重要票面信息的事件，虽然目前还没有形成实质性的纠纷损失，但也给票据业界敲响了警钟。在票交所的指导下，各商业银行及时加强了本行网银相关系统对客户签发和承兑票据信息的校验功能，以防范企业信息不真实、系统校验不完整导致的系统性操作风险。

2. 电票虚假主体风险。从票据市场风险案例来看，开户行对于客户开户环节如果审核不严或有疏漏，可能导致不良企业和不法中介利用虚假资料开立真实账户，获取交易主体“合法”身份，从而签发假银票、假商票骗取持票人的资金。不法分子通过企业网银和电票系统签发和转让票据的，开户行之外的其他银行出于对电票真实性的信任，较难及时发现不法分子和虚假电票的真面目。另外，真实合法的主体被工商部门注销登记后，如果电票系统没能识别客户当前工商登记状态并进行拦截，也可能继续以原主体身份办理票据业务并进行票据背书，但此时其在法律上已不再是合法主体，如果票据交易形成损失的，该主体本身并不具有被追索的可能。因此，交易对手或者客户身份真实性准入和识别问题仍有其防控和管理的存在价值，只是随着电票签发转让的模式发展变换了风险表现形态。

（三）技术风险和数据风险成为票据业务操作风险新重点

票据业务的电子化、线上化、自助化进程持续向纵深发展，电子票据自助式贴现环境下的模式，是“业务+数据”共同驱动的智能化审批模式。票据业务的经营管理、客户准入、贴现审查、决策办理要依靠数据信息来支持、系统技术来控制。数据的缺失，信息的造假，系统参数设置和流程开发设计的科学性、合理性，系统运行连续性和系统间对接的可靠性、稳定性，票据业务新模式转轨期相关人员对系统和业务的熟悉程度等都会成为电票业务操作风险的诱因。新技术、新业务和新模式都将经历一个发展完善的过程。在发展起步阶段，技术风险和数据风险的表现更为隐蔽，风险识别更加困难，风险传染和扩散更加迅速。如何采取有效控制措施筑牢技术安全的“防火墙”，识别票据和客户信息的真伪，确保流程、参数和模型的准确性、适用性，实现业务运行的安全可控，对当前商业银行的票据业务风险管理具有很大挑战，也是票据业务操作风险管理的主要着力点。

电票时代以来出现的电票账户涉嫌诈骗、伪假电子商票欺诈风险、财务公司无授信办理贴现等，都表明系统显示的不一定是真实存在和有效的，假银行、假银票、假账户、假授信以及不法分子利用银行网银和票交所平台进行作案的新手法，都催动我们将技术风险和数据风险放在电票风险防控更加重要的战略位置，通过持续优化系统功能，不断提升风险识别、拦截、跟踪功能，确保票据业务的安全稳健运行。

（四）票据业务合规风险加大

在当前监管转型、市场转型、业务转型背景下，票据市场的监管形势也变得严峻复杂。票据屡屡成为监管检查的重点关注对象，票据业务的合规风险有增无减。个中原因是多方面的，既有顶层设计方面的原因，也有具体执行方面的原因，还有票据业务创新带来的法律不确定因素。

1. 票据业务法规体系存在内部分歧。国家市场经济改革之初推出的《票据法》《票据管理实施办法》《商业汇票承兑、贴现与再贴现管理暂行办法》等顶层设计规章制度历经多年执行实施，相对于票交所电票新时代的业务实际已存在滞后性。人民银行、银监会（现银保监会）制定的具体监管规章之间也可能存在不一致，比如人民银行《票据交易管理办法》规定贴现申请人“无需提供合同、发票等资料”，银监会《关于加强银行承兑汇票业务监管的通知》要求银行业机构“严格审查票据申请人资格、贸易背景真实性及背书流转过程合理性”，可能导致商业银行面对中小企业客户时在落实规章文件要求的问题上产生困惑。目前，国家有关部门也在紧锣密鼓地组织各类“修法”调研，期望后续出台的顶层制度能够更为协调一致，也更具针对性。

2. 票据业务监管尺度存在区域差异。在《票据法》等顶层制度设计之外，还涉及法律制度原则的落地实施问题。不同的地方监管部门对于同一个监管事项可能出现不同的理解并执行不同的尺度。例如，对于贴现业务真实贸易背景审查问题，有的监管部门要求逐笔提供合同发票并在原件上签注；对于贴现业务授信占用对象问题，有的监管部门要求必须双占贴现企业和承兑行授信；对于贴现资金流向监控，不同监管部门对于贴现行的要求也存在差异。在“强监管、严监管”的监管政策环境下，确保客户和业务的真实性是票据业务的安全经营之本，部分监管局在监管检查时采取较为严格的标准本身无可厚非，但是不同区域、不同金融机构适用不同的监管尺度不符合统一市场的基本要求，企业更倾向于在审查要求宽松的金融机构办理票据业务，容易产生监管套利和“劣币驱逐良币”的情形，不利于市场公平竞争。

3. 票据业务创新带来法律不确定因素。人民银行《票据交易管理办法》创设了非法人类参与者，包括证券投资基金、资产管理计划、银行理财产品、信托计划、保险产品、住房公积金、社会保障基金、企业年金、养老基金等各类投资产品。非法人类参与者开展票据交易，由其资产管理人代表其行使票据权利并以受托管理的资产承担相应的民事责任，但在票交所电票系统中可以作为背书人和持票人，与传统票据背书对单位签章的要求不尽一致。由于目前尚无司法案例可循，非法人类参与者在票据交易业务上的票据权利存在不确定性。

二、票据业务风险防控重点

2015年以来，密集爆发涉案金额巨大的票据风险案件直接推动监管层对票据市场乱象伸出“看得见的手”，一方面通过层层的检查问责重拳出击违法违规行为，另一方面加速推进票据业务电子化进程和票据市场基础建设，借助信息技术手段从源头治理票据市场的沉疴宿疾。纵观近两年电票业务风险的演进过程，严监管、重科技、防风险三大主线相互交织、共同作用，构成了票据市场的主旋律。

从当前票据市场实践来看，票据业务风险防范的重点主要在于信用风险和操作风险。进而言之，对于票据业务的信用风险，防控重点主要是集团客户财务公司、中小金融机构承兑人的信用风险。这类机构作为承兑人，由于股东背景、资本实力、经营范围和管理水平等方面原因，在信用能力上与大型国有商业银行尚存在一定差距，面对不利经济环境时抗风险能力尤其值得关注。

对于票据业务的操作风险，防控重点主要是技术风险、数据风险和模型风险。在票交所时代，电票交易已经成为绝对主流，传统操作风险赖以生存的业务环境和场景已经基本消失。操作风险的防控重点应当转变为业务系统技术安全性风险、票据业务数据信息可靠性风险和数据分析模型合理性有效性风险。商业银行大力发展电票业务、推广线上自助业务，极大地提高了票据业务的服务效率和客户满意度。但是，线上自助金融产品如果本身存在技术漏洞或流程设计缺陷，就有可能因内部人员违规操作和外部不法分子的攻击形成产品的系统性集中式风险。这要求商业银行尽快提高对数据风险和技术风险的识别、衡量和处置能力，完善电票业务全流程管控，充分发挥金融科技赋能作用和保驾护航作用，一方面降低融资成本，助力解决中小企业融资难、融资贵问题，另一方面提升普惠金融业务的风控水平，推动票据业务安全合规与可持续发展。

三、票据业务风险防控措施建议

票交所作为全国统一的票据交易平台成立后，深刻改变了票据业务模式和市场格局，推动票据业务发展进入新时代。面对新时代的新问题，既要继承好传统风险防控措施的优点，汲取其背后的逻辑与精神，也要结合新时代票据业务的新特点探索有效应对风险的新思路。

（一）推动票据业务风控一体化

1. 推动线上、线下风控管理一体化。线下业务强调的是“人控”，线上业务强调的是“机控”。进入电票为主的新时代，在强调“机控”的同时，不能忽略“人控”对风险敏感性、风险信息传导和潜在风险业务拦截的重要作用。特别是在人工智能无法顺利达成的领域充分发挥人的主体作用，实现“人控”与“机控”的有机结合，最终向“智控”的转变。在“机控”的领域，要整合银行法人内部、外部监管、工商、税务、同业、自律组织等拥有的各种系统资源，形成风控合力，高效识别和处理票据业务条线风险，保障票据业务的整体稳健发展。

2. 构建统一的信用风险管理体系。现代化银行经营管理更加强调以客户为中心，而不只是以业务及产品为中心。票据业务要健全以客户为中心的全口径融资和关联风险敞口管理，构建统一的信用风险管理体系，在法人层面实现票据条线与信贷、公司、运管、授信、风险等条线部门配合，打破部门和专业条线壁垒，在全行形成以客户为中心的风险管控机制，覆盖全生命周期，强化信用风险全面管控。实施各产品线统一风险监控、统一风险偏好、统一风险视图、统一风险限额、统一风险化解的一体化管理。打通融资信息，整合形成以客户为中心的全景画像系统，支持对客户全面风险分析评价及应用，防范过度融资和多头融资，实现对各专业条线、各业务品种的客户关联关系及信用风险总量的控制，做到风险早识别、早发现、早控制、早处置。同时结合客户及市场风险现状，监管检查发现问题情况及时对授信管理机制进行调整。

（二）强化客户全流程管理

1. 严格客户尽职调查和准入管理。客户准入是票据业务办理的第一步，防止“病从口入”是业务风险控制的基础。近年来，票据市场的多起大案要案都与客户准入有关，有的是违规与准入名单外的客户办理业务，有的是尽职调查失职被人欺诈把中介当作银行。票据融资业务客户准入的核心是尽职调查，各家银行都有成熟的制度流程规范。票据结算性业务，传统上并无准入的概念，只要符合开户条件银行都给予开户。但是，在电票时代，企业通过网银功能，可以利用票据结算性业务从事电子商业承兑汇票签发、承兑等活动。如果银行在开户环节对企业工商信息真实性审查未尽职，电子信息系统校验不充分，则可能涉入不法开户企业与他人的票据纠纷，故商业银行应加强对企业网银开户的准入管理，尤其是电子商业承兑汇票客户网银开户的准入管理，确保本行网银运行实现“真客户、真业务、真票据”。

2. 强化业务事中管控和事后监测闭环管理。企业开户的快速化、业务模式的自助化、审批流程的一站化，都使票据业务办理更简单、更快捷。这需要配套加强系统和流程设置的完善与科学，如果白名单过于宽松，参数额度设置不审慎，将导致线上电子业务集中式、系统性风险。必须在业务后端加强风险监测、存续期管理、定期核查，不断修正系统参数维护和业务流程的设置。

商业银行要建立完善线上业务跟踪监测机制。对于非现场监测发现的疑问和风险预警，要及时督导业务部门进行自查和报告，并有选择、有重点地由上级行或第三方作进一步核查确认，排除风险隐患。核查认定确有问题的要及时采取果断措施，实施退出或刚性控制，实现风险监测后的闭环管理。

（三）建立风险信息共享机制

电票业务的风险来自外部经济环境、客户自身经营、银行内部业务、系统、操作、管理等方面，客观上也就要求商业银行强化同业间、银行间、区域间、产品间的风险信息互通共享，共建风险监测传导机制，完善优化内外部基础管理，不断提高对各类风险的识别、拦截、跟踪与防控能力，借助内外部力量共同防御票据市场风险。

从中国工商银行的情况来看，其票据条线近年来实施“大票据”发展战略，借力总行其他条线的业务资源、渠道、信息，共同发展票据融资业务，取得了突出的业绩。该行的票据业务风控部门紧随“大票据”发展战略，强化跨部门联动风险管理，推进建立风险信息共享机制。该行票据营业部作为利润中心将风险管理纳入全行统一风险管理体系，从发展规划、制度建设、系统完善、日常监测、风险报告、绩效考核等多角度得到总行风险管理部门的专业调研、指导支持，为后续强化票据产品风险管控奠定基础。与总行信用风险监测中心、押品管理处、内部评级处等多部门建立密切的沟通协作关系，共享本产品线风险信息，互通风险名单，及时进行条线管控和系统设置，推动总行统一的风险控制体系在产品线统一实施，有效规避外部市场多起风险事件对本行票据融资业务的影响。

再贴现业务
传导货币政策研究

曾一村　凌　典　谈　韵①

［摘　要］ 近年再贴现在人民银行政策工具箱中的地位和作用不断凸显，如何发挥再贴现优势，增强货币政策效果成为各界共同关心的话题。本文从吞吐基础货币、充当基准利率工具、供给流动性和调整信贷结构四个方面详尽分析了我国再贴现政策传导货币政策的效果。在此基础上，本文还梳理主要经济体的再贴现政策历史，总结了再贴现政策演化的特点。基于中外政策实践，本文对再贴现的功能定位、操作方式、利率设定、操作标的、额度管理、操作期限、政策预期引导及与其他货币政策工具协作七个方面作了深入讨论，并提出了相应的政策建议。

［关键词］ 再贴现　货币政策　票据　结构调整

一、研究背景与内容

再贴现是人民银行对金融机构持有的未到期已贴现票据予以贴现的行为。

① 作者简介：曾一村，中国农业银行票据营业部，市场交易部处长；凌典，中国农业银行票据营业部，高级专员；谈韵，中国农业银行票据营业部，高级专员。

2018年以来，人民银行多次增加再贴现额度，引导金融机构增加小微及民营企业票据融资，2020年新冠肺炎疫情发生后，两次增加再贴现再贷款额度共1.5万亿元，支持企业复工复产和经济恢复发展。2020年3月末，再贴现余额5082亿元，达到历史最高水平。在再贴现业务快速发展的背景下，如何发挥再贴现业务优势、进一步增强货币政策效果成为各界共同关心的话题。

学术界对国内再贴现业务已开展较多研究，主要聚焦在功能定位、利率设定、操作方式等方面：功能定位的研究焦点在结构调整、流动性供给（最后贷款人）等方面（施海松，2003；中国人民银行济南分行营业管理部课题组，2011）；利率设定方面着重讨论了再贴现利率水平与市场利率的关系（谢平、焦瑾璞等，2002；北京大学中国经济研究中心宏观组，2003；郭建伟，2007）；操作方式方面粗略讨论了买断式与回购式再贴现的选择问题（张爱红，2009；黄志凌，2015）。目前已有文献在再贴现的功能定位、利率设定等问题上观点存在明显差异，很多文献的观点仅基于当时的宏观经济形势；同时对操作方式的研究也不够深入，事实上，不同方式下货币政策效果也存在差异。近年经济形势的不断变化对货币政策工具的发展变革提出了新要求，上述问题值得进一步研究。从国外经验来看，作为货币政策工具的“三大法宝”之一，再贴现在西方各国货币政策实施的早期起到了极为重要的作用，随着宏观经济发展和货币政策工具演化，再贴现在中央银行政策工具箱中的地位和职能几经变迁，再贴现本身的内涵也更趋丰富。就我国情况来看，由于国情的特殊性和宏观经济金融形势的发展变化，再贴现也经历了曲折的发展过程。在推进金融供给侧结构性改革的时代背景下，通过国内经验的纵向比较和国际经验的横向比较，有助于把握再贴现工具的演进脉络，对国内再贴现的功能定位、利率设定、操作方式等问题开展更加深入的讨论。此外，本文还将研究再贴现的操作标的、操作期限、额度管理、政策预期引导、与其他货币政策工具协作等学术界关注较少的问题。

本文其余部分内容安排如下：第二部分为我国再贴现政策传导货币政策的实践与分析；第三部分为国外再贴现政策实践与中外对比分析；第四部分为基于中外再贴现经验的有关增强国内再贴现政策效果途径的详细讨论。

二、我国再贴现传导货币政策的实践与分析

再贴现传导货币政策的机制主要如下：一是吞吐基础货币；二是再贴现利率作为基准利率影响市场利率和再贴现量等；三是金融体系流动性供给；四是通过票据选择促进信贷结构调整。

（一）再贴现的吞吐基础货币功能分析

20世纪90年代初，由于票据市场发展滞后，再贴现操作的基础薄弱，人民银行主要通过再贷款、外汇占款等渠道投放基础货币。1995年，人民银行将再贴现作为正式的货币政策工具加以运用，再贴现渠道投放的基础货币开始快速增加，2000年再贴现占同期基础货币的比重（以二者余额计算）达到历史最高值3.4%。21世纪以来，国际收支持续顺差导致外汇占款规模迅速增长，再贴现占基础货币比重趋于下降，人民银行通过公开市场操作大量回笼基础货币，以抵消外汇占款对基础货币的冲击。2008年国际金融危机发生后，人民银行逐步发挥再贴现的结构调整功能，再贴现渠道投放的基础货币开始恢复性增长。2013年以来，经济逐步进入新常态，外汇占款规模也呈现下降趋势，人民银行通过公开市场操作、中期借贷便利（MLF）、抵押补充贷款（PSL）、再贷款、再贴现等渠道投放基础货币，再贴现占同期基础货币的比重继续回升。截至2019年末，再贴现占同期基础货币的比重为1.5%。

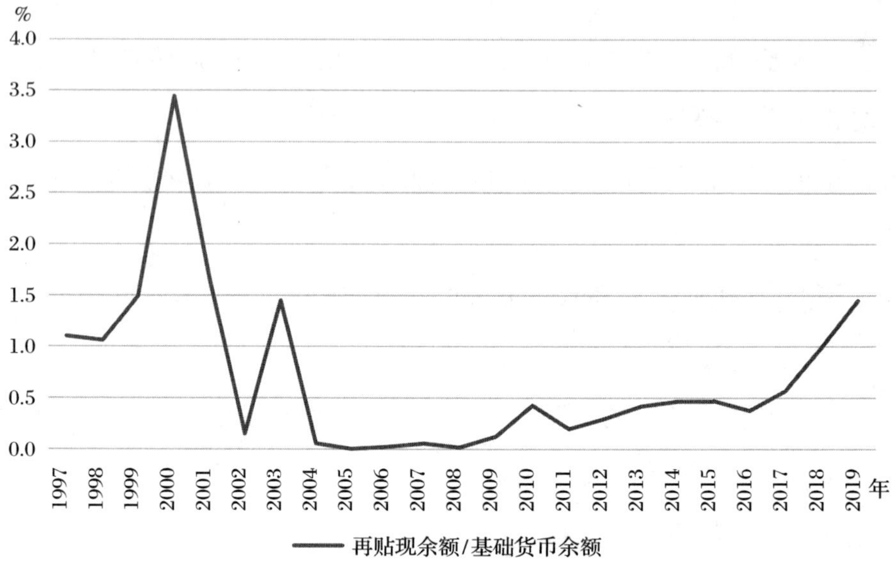

资料来源：中国人民银行、Wind资讯。

图1 再贴现余额占基础货币余额的比重走势

总体来看，早期受制于票据市场发展滞后因素，再贴现的吞吐基础货币功能较弱，随着公开市场操作发展壮大和其他货币政策工具的创设，再贴现吞吐基础货币的功能更加弱化。2008年以来，人民银行逐步明确再贴现结构调整的功能定位，通过再贴现渠道投放的基础货币正在稳步增加。

（二）再贴现利率的调控功能分析

1988年，人民银行首次公布再贴现利率，规定其按照再贷款利率下浮5%~10%生成。1998年，人民银行改革了再贴现利率生成机制，单独设定再贴现利率。为应对当时的亚洲金融危机、积极扩大内需、维护金融市场稳定，人民银行多次下调再贴现利率，且基本维持再贴现利率低于市场利率的格局，再贴现余额逐步上升。

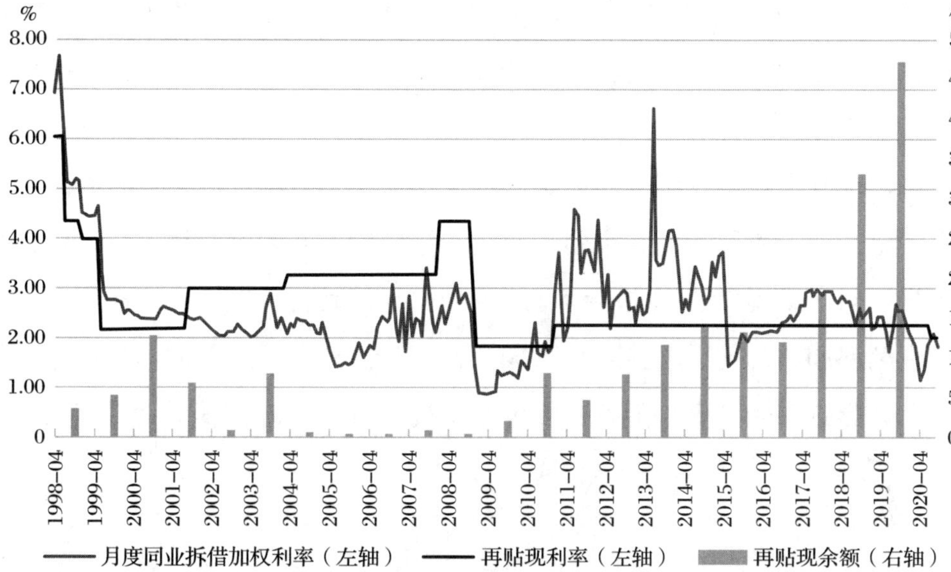

资料来源：中国人民银行、Wind资讯、孙国峰（2012）。

图2 月度同业拆借利率、再贴现利率和年末再贴现余额

由于1999年6月以来再贴现利率大幅下调，商业银行办理贴现业务的积极性快速提高，一些中小银行以不当手段争夺票据，扰乱了票据市场的正常秩序。人民银行为促进票据市场规范发展，于2001年9月将再贴现利率大幅上调81个基点至2.97%，再贴现利率开始高于市场利率，再贴现余额随之下降。2004年3月，在当时经济过热和通胀压力增加的背景下，人民银行开始实行再贷款（再贴现）浮息制度[①]，进一步提高再贴现利率，此次改革的意图主要是厘清中央银行和借款人的关系，促使金融机构将市场作为解决其临时流动性需要的主渠道，改革后再贴现利率进一步高于货币市场利率，成为事实上的货币市场利率上限，这一情况直到2010年12月人民银行将再贴现利率调整至2.25%后才有所改变。2004—2008年这段时期由于再贴现利率偏高，金融机构

① 人民银行在国务院授权范围内，根据宏观经济金融形势，在再贷款（再贴现）基准利率基础上，适时确定并公布再贷款（再贴现）利率加点幅度。

转向同业市场融资，再贴现余额基本处于萎缩状态。2011年以来，人民银行进一步发挥再贴现的结构调整功能，再贴现利率基本低于市场利率，再贴现余额快速上升。

从再贴现利率对市场利率的影响来看，在2010年之前，再贴现利率的调整能够在一定程度上引导市场利率同步变动，但作用机制较为间接（再贴现自身规模较小，对市场利率的影响较为有限），主要是其告示效应发挥作用，事实上再贴现利率调整的前后多伴有存款准备金率和公开市场操作的同步调整，各种工具合力影响市场利率。随着近年再贴现规模快速上升，其对货币市场利率的影响有所增强。

（三）再贴现的流动性供给功能分析①

再贴现对金融机构流动性的支持主要体现在两个方面。一是人民银行将再贴现作为缓解中小金融机构资金紧张、支持扩大信贷投放的重要工具。中小金融机构大都不是人民银行公开市场操作的一级交易商，在存款吸收、同业拆入等方面相比大型机构也处于劣势地位，再贴现开辟了人民银行直接支持中小金融机构的资金渠道。2001年6月末的1089亿元再贴现余额中，58.5%投向中小金融机构，2007年在宏观调控力度加大、中小金融机构流动性趋紧的背景下，人民银行通过再贴现快速给予资金支持，2007年9月末再贴现余额同比大幅增长162.1%。二是人民银行发挥再贴现最后贷款人功能，降低突发事件对金融市场影响，防范化解金融风险。人民银行在2013年6月“钱荒”时期、2019年5月包商银行事件发生时期均迅速增加再贴现额度，维护金融市场稳定。

整体来看，再贴现的流动性供给功能得到有效发挥。随着2013年人民银行创设常备借贷便利（SLF），人民银行对金融机构的流动性供给渠道得到拓宽，SLF部分承担了再贴现政策原有的流动性供给功能。

① 本部分资料来源：中国人民银行。

（四）再贴现的结构调整功能分析[①]

再贴现的结构调整功能主要体现在产业、企业、地域等多个维度。从产业维度看，1994年人民银行即对“五行业”“四品种”[②]领域专门安排100亿元再贴现限额，这是首次运用再贴现支持国家重点行业；近年要求优先对涉农票据办理再贴现，2019年再贴现余额中涉农票据占比达27%。从企业维度来看，人民银行规定优先对小微及民营企业票据再贴现，2018—2019年再贴现票据中，小微、民营企业票据平均占比高达65.0%和60.2%。从地域维度来看，2008年人民银行发布《关于完善再贴现业务管理支持扩大“三农”和中小企业融资的通知》要求，对县域企业票据优先办理再贴现，增强货币政策对县域金融等薄弱环节的支持。近年小面额票据（500万元以下）、绿色票据、科创票据也成为再贴现的重点支持对象，2019年100万元以下小面额票据的贴现承兑比例相较2018年提高4个百分点，小面额票据融资可得性有所提升。

可以看到，再贴现的结构调整功能非常灵活，能够及时根据宏观经济的发展形势、转型方向、薄弱环节及票据市场发展情况等改变票据选择条件，相比公开市场操作、存款准备金率等总量型工具，其精准滴灌优势非常突出。

（五）疫情发生以来的再贴现实践

2020年新冠肺炎疫情发生以来，为支持企业复工复产和经济复苏，人民银行加大再贴现政策运用力度。在利率方面，人民银行时隔10年下调再贴现利率25个基点至2.00%，调动金融机构开展再贴现的积极性，引导降低企业票据融资成本。在提供基础货币和流动性等方面，人民银行两次增加再贴现再贷款额度共1.5万亿元，支持中小金融机构票据融资扩张，同时保持金融市场流动性合理充裕，降低了疫情这一“黑天鹅”事件对金融市场的冲击。在结构调整方

① 本部分资料来源：上海票据交易所。
② “五行业”是指煤炭、电力、冶金、化工和铁道，“四品种”是指棉花、生猪、食糖和烟叶。

面，推动再贴现资金向重点领域、行业和地区倾斜，重点支持复工复产、外贸行业等资金需求，并加大对受疫情影响较大的旅游娱乐、住宿餐饮、交通运输等行业以及对防疫重点地区的支持力度。

（六）我国再贴现传导货币政策的基本特征总结

一是再贴现虽不是人民银行吞吐基础货币的主要工具，但近年投放基础货币的作用稳步增强；二是再贴现利率能够一定程度引导市场利率同步变动，主要是其告示效应发挥作用；三是再贴现的流动性供给功能得到有效发挥，维护了金融市场稳定；四是再贴现的结构调整功能非常灵活，精准滴灌实体优势突出。

三、国外再贴现政策实践与中外对比分析

（一）主要央行再贴现实践介绍

1. 美联储。早期，贴现窗口（Discount Window）是美联储的首要政策工具，主要发挥最后贷款人、吞吐基础货币等功能。操作方式包括两种：一是初始意义上的票据再贴现，银行将票据永久出售给美联储；二是抵押贷款，担保品包括票据、债券等。美联储将两种方式均称为贴现。据有关资料，至少从20世纪60年代起，美联储几乎不再提供票据再贴现。随着公开市场操作工具的发现和使用，50年代开始贴现窗口吞吐基础货币的职能基本被取代，贴现窗口主要发挥最后贷款人功能，并辅助公开市场操作。贴现窗口在70年代银行危机、1987年股市崩盘、“9·11”事件、2008年国际金融危机、2020年新冠肺炎疫情期间均发挥了最后贷款人的作用。

20世纪80年代至2003年，贴现率持续低于联邦基金利率运行，利差空间的存在导致金融机构套利问题，增加了美联储审批的管理成本。2003年，美联储改革了贴现窗口管理程序，将贴现贷款分为一级信贷（Primary Credit）、二级

信贷（Secondary Credit）、季节性信贷（Seasonal Credit）三种类型，并实施差别贴现率。一级信贷是最为重要的贴现贷款，财务健全的银行可以申请作为后备流动性来源，期限通常以隔夜为主，贴现率通常高于联邦基金目标利率100个基点，实际上构成货币市场利率的上限，消除了机构套利空间。二级信贷的对象主要是陷入财务困境或面临严重流动性问题的银行，贴现率高于一级信贷50个基点，属于惩罚性的高利率。季节性信贷主要满足位于度假区或农业区、存款有季节性特征的银行需要，利率与联邦基金利率和定期存款利率的平均值挂钩。

2. 德国央行（欧央行）。在欧盟成立前，再贴现是德意志联邦银行（德国央行）的重要货币政策工具，用于影响货币供应量和经济信贷需求。早期，再贴现还发挥结构调整功能，德国央行在1956年以前都以非常低的贴现率买进外国汇票和出口单据以鼓励出口，1958年以前也对战后重建贷款执行优惠贴现率。贴现率一般低于市场利率，具有补贴性质。1974年，德国央行为防止机构套利，制定单个机构的再贴现限额，限额与机构资本金、机构自身持有的合格票据、中短期贷款份额等因素相关。1985年，德国央行开始实施灵活的货币市场管理，伦巴第贷款[①]利率（Lombard Rate）、再贴现利率分别构成货币市场的利率走廊上下限。德国的票据再贴现、伦巴第贷款实际与美联储贴现窗口的两种操作方式是对应的。

欧盟成立后，德国修改《德意志联邦银行法》，贴现率由欧央行的基准利率（Base Rate）承接。当前欧央行的再贴现机制主要是边际贷款便利（Marginal Lending Facility，由德国的伦巴第贷款转化而来），银行可以通过提供合格抵押品以边际贷款利率从欧央行借入资金满足流动性需求，操作期限主要为隔夜，规模上不设限制，抵押品包括证券、贷款、票据等。边际贷款利率由政策利率加点生成，构成利率走廊的上限，其作用与当前美联储的贴现率类似。

① 联邦银行对信贷机构提供的以证券、债权、符合再贴现条件的票据为担保品的有息贷款，与美国贴现窗口的抵押贷款类似。

3. 日本银行。日本银行自1882年成立就将票据再贴现视为央行本职业务，由于早期日本的企业还未形成票据交易的习惯，央行的再贴现也起到了培育票据市场的作用。第二次世界大战后初期，央行设立优惠票据制度，利用再贴现政策支持战略性关键产业的发展，促进信贷结构调整。

贴现率长期作为央行的政策利率，其适用于票据再贴现、票据贷款[①]（央行统称为贷款交易）两种，贴现率大都低于市场利率。由于当时日本金融市场不发达，公开市场操作受限，央行主要通过贴现率调整实施宏观调控。1962年起央行开始实行新金融调节，债券操作、票据操作等公开市场操作工具逐步替代贷款交易的吞吐基础货币功能。1996年起，央行原则上通过公开市场操作进行金融调控，政策利率由无担保隔夜拆借利率替代贴现率，此后贴现率一直稳定高于政策利率，金融机构基本不与央行开展贷款交易。2001年，票据再贴现的政策意义削弱，央行停止此类交易。同年，央行引入补充贷款便利(Complementary Lending Facility)，操作期限以隔夜为主，其利率适用原贴现率（本次改革后称为基准贴现率及基准贷款利率），构成利率走廊上限，其实质与美联储的贴现率、欧央行的边际贷款利率类似。

（二）中外再贴现政策的对比分析

从机制内容来看，再贴现概念最初起源于票据市场，这与当时的真实票据原则是分不开的。随着真实票据原则受到广泛质疑，票据再贴现、抵押贷款等均成为央行再融资的形式，当前再贴现概念实际上泛指央行对金融机构的贷款，如贴现窗口（美）、边际贷款便利（欧）、补充贷款便利（日）等，担保品也包括债券、贷款、票据等资产。我国再贴现仅指票据再贴现，实际上我国与美、欧、日再贴现相似的工具包括再贴现、再贷款、SLF等多种，且就实际操作而言，我国的SLF与贴现窗口、边际贷款便利、补充贷款便利更类似。

① 金融机构向日本银行开具期票申请贷款，贷款须有债券、票据等抵押品担保。

从功能定位来看，美、欧、日再贴现的吞吐基础货币功能基本已被公开市场操作取代，目前再贴现主要发挥最后贷款人功能，再贴现利率主要配合政策利率调整，其独立调控功能也已弱化；历史上，德、日在经济发展转型中均利用过再贴现的结构调整功能。早期我国的再贴现主要发挥化解“三角债”、培育票据市场和结构调整等功能，再贷款发挥最后贷款人和吞吐基础货币功能，当前再贴现再贷款的功能主要为结构调整、最后贷款人，公开市场操作主要发挥吞吐基础货币功能。

从利率设定来看，历史上美、德、日的贴现率长时间低于市场利率，德国还根据政策支持力度的不同制定了差异化贴现率；当前美、欧、日主要将再贴现定位为最后贷款人工具，制度上要求金融机构优先从货币市场融资，这意味着再贴现率应高于货币市场利率，目前美、欧、日的再贴现利率由政策利率加点生成，实质构成货币市场利率走廊的上限。当前我国再贴现率为单一层次利率，早期再贴现利率低于市场利率，2001—2010年基本高于市场利率，成为事实上的货币市场利率上限。近年为促进结构调整、增强再贴现对金融机构的吸引力，再贴现利率大多时候低于市场利率。2013年以来，我国逐步将SLF利率培育为货币市场利率走廊的上限。

四、增强我国再贴现传导货币政策效果的讨论

（一）再贴现功能定位的讨论

从国外经验来看，再贴现吞吐基础货币的功能基本被公开市场操作取代。与当前美、欧、日的再贴现主要定位于最后贷款人、利率走廊上限相比，我国广义的再贴现（再贴现、再贷款、SLF）实际上整体发挥最后贷款人功能，SLF利率单独发挥利率走廊上限作用，同时再贴现再贷款还承担结构调整功能。考虑到我国经济进入新常态，经济结构性矛盾和中小微民营企业融资难问题突出，未来将再贴现主要定位于结构调整，有利于发挥票据天然贴近小微民营企

业的优势，精准滴灌实体经济。

与同样具有结构调整功能的信贷政策支持再贷款（支农、支小、扶贫）相比，再贴现票据要素中包含签发、收款、流转企业的大量信息，目前再贴现操作也实现了电子化、线上化，通过大数据、区块链等金融科技精准滴灌实体经济的潜力较大，也更便于央行开展数据统计、实时调控等工作。同时再贴现的票据附带追索权，其流转经过企业、金融机构等多重背书，风险相对可控，优于部分无担保品方式发放的再贷款。因此，建议未来进一步开展商业信用票据化工作，推动应收账款更多使用权责清晰的商业汇票，鼓励企业更多通过票据融资，适当利用再贴现取代部分信贷政策支持再贷款，合理优化货币政策工具结构。

（二）再贴现的操作方式讨论

再贴现分为买断式和回购式。回购式再贴现实质是一种以票据质押的贷款，形式类似于当前美国贴现窗口、欧洲边际贷款便利、日本补充贷款便利这三种抵押贷款。目前主要央行均已不再开展买断式的票据再贴现（乌尔里希·宾德赛尔，2013），近年我国再贴现也以回购式为主。买断式和回购式再贴现在传导货币政策方面具有一定差异。表1从业务实质、主要债务人、会计处理、操作影响、操作效率等方面对二者进行了比较。

表1　再贴现操作方式的比较

对比项	买断式	回购式
业务实质	央行买断票据	央行发放票据质押贷款
主要债务人	票据承兑人	申请再贴现的商业银行
会计处理	银行将票据销账，可节约信贷资源，扩大对中小企业票据融资	银行不能将票据销账，在表内确认为向央行借款（负债）
操作影响	影响转贴现利率，修正完善收益率曲线形态； 资金回收由不同票据的到期日决定	一般不能影响转贴现利率； 资金回收由单一的回购到期日决定
操作效率	资金回收期限的不统一加大操作难度	资金回收日期统一有利于央行操作

资料来源：作者归纳整理。

建议人民银行综合考虑再贴现操作难度、票据利率走势、支持中小企业等因素，择机选择操作方式。就票据利率走势来说，由于我国票据具有信贷属性，其利率受到银行一般贷款投放节奏和进度的影响，经常在月末等时点出现过度涨跌，例如2020年第一季度、第二季度末等一般贷款投放旺盛时期，票据利率明显上行，人民银行可适当开展买断式再贴现，有助于缓和票据利率大幅波动。

（三）再贴现的利率设定讨论

再贴现的利率设定应主要由功能定位决定。当前美、欧、日再贴现主要发挥最后贷款人功能，再贴现利率也高于货币市场利率，有助于防范机构道德风险。未来若将我国再贴现功能主要定位于结构调整，应将利率设定为适当低于市场利率，其理由如下：过高的再贴现利率可能导致商业银行加强资金横向沟通，由再贴现转向同业市场融资，结构调整功能或难以发挥[①]；过低的利率也可能导致商业银行过度依赖人民银行资金，长期不利于银行负债市场化。建议对于发挥结构调整功能的再贴现业务（具有票据选择条件），其利率可适当低于市场利率（同业拆借率、贴现率等）；对于发挥流动性供给（最后贷款人）功能的再贴现业务（不具有票据选择条件），其利率可与SLF操作利率保持一致。

同时，为发挥再贴现利率在结构调整中的杠杆作用，可参考德国经验制定差异化利率，对不同产业、期限、交易对手（如不同信用等级的金融机构，可适用于回购式再贴现）和种类票据（如银行承兑汇票、商业承兑汇票，可适用于买断式再贴现）实行差异化利率，优化资源配置效率。

---

① 2001年9月至2008年1月，再贴现利率连续上调并高于市场利率，金融机构转向同业市场融资，再贴现业务大幅萎缩。

（四）再贴现的操作标的讨论

当前我国再贴现操作标的为银行承兑汇票、商业承兑汇票（以下简称银票、商票）。相比银票，商票完全基于商业信用，更为接近应收账款的法定形式，且属于直接融资范畴，有利于分散银行系统风险、降低企业融资成本。从美、欧、日等经验来看，票据市场交易工具均经历了从银行承兑汇票到商业票据①（企业信用）的转变。就我国情况来看，当前再贴现业务中商票占比仍然较小，据统计，2019年商票再贴现发生额占比仅5.4%，与贴现发生额占比9.1%也存在一定差距。商票信息不对称不透明、信用风险和操作风险难以管理制约了银行贴现和央行再贴现的意愿和能力。近期，人民银行和票交所推动商业汇票信息披露工作，票交所创新推出供应链票据并研究开展票据评级工作，未来商票市场环境将逐步改善。建议未来加大信息披露完善、具有高信用等级、以供应链票据形式签发的商票的再贴现力度，为商票市场发展提供有力政策支持。

同时，建议借鉴国外经验，拓展再贴现操作边界，将操作标的由票据拓展至标准化票据。标准化票据是基于票据资产产生的现金流而创设的受益凭证，2020年7月人民银行正式出台《标准化票据管理办法》，截至9月末标准化票据合计发行规模49亿元，未来有望加速发展。标准化票据拓宽了原来难以进入银行体系的票据（特别是商票）的融资渠道，也会不可避免地替代部分票据贴现，将其纳入再贴现操作标的有助于保持并增强再贴现政策效果，引导促进标准化票据市场发展壮大。

（五）再贴现的操作期限讨论

当前我国再贴现最长期限为6个月。目前美、欧、日再贴现主要发挥最后

① 这些经济体的商业票据与我国银行间债券市场的短期融资券类似。

贷款人功能，期限以短期（隔夜）为主，支持金融机构流动性需求。遵循我国再贴现主要定位于结构调整的思路，操作期限可重点关注票据承兑贴现期限。根据票交所数据，2018年票据承兑期限大于6个月的占比76.8%，转贴现期限大于6个月的占比43.5%。随着未来经济潜在增速趋势性下行，企业应收票据等资产周转天数或增加，票据承兑贴现期限或延长，建议放宽再贴现期限至1年以内，与企业票据签发贴现期限相匹配。参考信贷政策支持再贷款来看，其最长期限均为1年，以支农再贷款为例，人民银行要求各分支机构应根据金融机构当地的农业生产周期和涉农产业发展情况，合理确定支农再贷款发放期限，因此支农再贷款与农业周期基本匹配。再贴现期限的适当延长也有助于减少金融机构的再贴现、贴现资金的期限错配程度，增强再贴现滴灌实体经济质效。

（六）再贴现的额度管理讨论

由于再贴现在实施结构调整释放基础货币时，后续不可避免地产生总量效应，对再贴现进行限额管理具有必要性。考虑到再贴现在支持小微、民营企业融资方面的重大独特作用，建议保持再贴现规模平稳有序增长。借助票交所再贴现平台，利用金融科技赋能再贴现，提高额度使用效率，通过大数据、区块链等技术辅助筛选贸易背景真实的票源，精准滴灌实体经济。

目前人民银行对再贴现操作对象的限额确定方式尚未建立（人民银行西安分行营业管理部课题组，2018）。建议合理确定再贴现限额分配方式，可考虑参照德国经验，人民银行在考虑商业银行资本金数量、持有的合格票据情况、商业银行承兑贴现份额等因素基础上，定期确定单个机构的分配额度，同时根据再贴现政策导向、金融机构业务实际需求给予一定灵活调整的空间，提高政策的精准性和连续性。

（七）再贴现的预期引导及与其他货币政策工具协作讨论

当前再贴现政策的沟通主要由人民银行通过发布货币政策执行报告（每

季）、召开记者会（不定期）等方式进行，建议参照SLF、MLF、PSL等操作披露的频率（每月），加强再贴现操作信息披露，有利于机构形成稳定的政策预期。

再贴现与其他货币政策工具间也存在着一定的协调优化空间：第一，再贴现实施的主动权并不在央行，在经济下行周期央行增加额度或下调利率，但机构需求并不必然增加，此时需要公开市场操作等主动型工具配合；第二，再贴现、SLF的操作期限、抵押品、操作条件不尽相同，特定时期银行可能不满足SLF操作条件，如银行在高等级债券、优质信贷资产等担保品缺乏的情况下，可申请票据再贴现获得流动性。基于上述情况，加强再贴现与公开市场操作、SLF等货币政策工具的配合协调，可以更好发挥货币政策调控效果。

参考文献

[1] 北京大学中国经济研究中心宏观组．规范发展票据市场至关重要[J]．金融研究，2003(3)：26—35.

[2] 东乡重兴，川原义仁．日本银行历史·职能·货币政策[M]．北京：中国物价出版社，1993.

[3] 戴根有．走向货币政策间接调控——中国实践与国外经验[M]．北京：中国金融出版社，1999.

[4] 弗雷德里克·S．米什金．货币金融学[M]．北京：中国人民大学出版社，2014.

[5] 郭建伟．Shibor与利率市场化[J]．中国货币市场，2007(7)：4—11.

[6] 何健雄，朱隽．欧盟金融制度[M]．北京：中国金融出版社，2015.

[7] 黄志凌．应该重新认识票据与票据市场的功能[J]．征信，2015，33(10)：1—6.

[8] 李波．构建货币政策和宏观审慎政策双支柱调控框架[M]．北京：中国金融出版社，2019.

[9] 鹿野嘉昭 . 日本的金融制度 [M]. 余熳宁，译 . 北京 : 中国金融出版社，2003.

[10] 米尔顿·弗里德曼，安娜·J. 施瓦茨 . 美国货币史 [M]. 巴曙松，王劲松，等译 . 北京 : 北京大学出版社，2017.

[11] 施海松 . 再贴现是否应当退出宏观调控的历史舞台 [J]. 上海金融，2003(11):15-17.

[12] 孙国峰 . 第一排——中国金融改革的近距离思考 [M]. 北京 : 中国经济出版社，2012:244-250.

[13] 乌尔里希·宾德赛尔 . 货币政策实施：理论、沿革与现状 [M]. 齐鹰飞，林山，等译 . 大连：东北财经大学出版社，2013.

[14] 吴显亭 . 加力培育发展商业承兑汇票市场 [J]. 中国金融，2020(14):53-55.

[15] 谢平，焦瑾璞 . 中国货币政策争论 [M]. 北京 : 中国金融出版社，2002.

[16] 殷介炎 . 货币政策工具中的再贴现 [M]. 北京 : 中国金融出版社，1996.

[17] 张翠微 . 关于中国中央银行的货币政策工具研究 [D]. 武汉：武汉大学，2010.

[18] 张健华 . 美国金融制度 [M]. 北京 : 中国金融出版社，2016.

[19] 张晓慧 . 中国货币政策 [M]. 北京 : 中国金融出版社，2012.

[20] 钟凡 . 德国中央银行的再贴现管理 [J]. 中国金融，2002(5):50-51.

[21] 中国人民银行济南分行营业管理部课题组 . 再贴现政策工具功能转向研究 [J]. 金融发展研究，2011(8):39-42.

[22] 中国人民银行上海总部公开市场操作部课题组 . 中央银行再贴现机制在流动性管理中的运用 [J]. 上海金融，2009(5):5-10.

[23] 中国人民银行西安分行营业管理部课题组 . 着力提升再贴现工具的效能 [N]. 金融时报，2018-12-17(10).

[24] 朱忠明，等 . 中国货币市场发展新论 [M]. 北京：中国发展出版社，2002.

金融发展、银行集中度与票据融资

张琳宜[①]

［摘　要］ 企业融资难、融资贵是近年来社会各界讨论的热点话题，本文重点关注区域企业票据融资成本的相关问题。票据融资作为企业重要的短期融资方式，其融资成本受多种因素影响。本文运用我国2005—2017年的省际面板数据，实证分析了金融发展程度和银行集中度与票据融资成本之间的关系，研究发现金融发展程度与票据融资成本负相关，银行集中度与票据融资成本正相关，且在银行集中度越高的市场，由金融发展水平提高而引起的票据融资成本的下降幅度越大。在此基础上，本文认为健全区域金融市场、提高金融发展程度、适当降低银行集中度是改善区域票据融资环境、降低票据融资成本的有效途径。

［关键词］ 金融发展　银行集中度　票据融资成本

一、引言

票据作为企业和金融市场的连接纽带，在融资难、融资贵背景下，越来越受到中小民营企业的青睐。2019年2月20日人民银行发布的金融数据显示，我国

① 作者简介：张琳宜，现供职于中南财经政法大学。

现有的票据融资对象中中小微企业占比超过60%。票据贴现业务能为实体经济特别是中小企业提供便捷的融资渠道和低成本资金，有效扶持企业发展壮大，票据贴现工具可根据票据内容清晰识别资金的流向，使资源更有效地配置到重点领域，促进创新产业发展，倒逼落后产能退出，切实优化经济结构，助力供给侧结构性改革。相较于其他融资方式，当企业拥有商业汇票时，如果企业有短期融资需求，就可以用商业汇票向银行申请票据贴现，相当于企业用商业汇票作抵押，向银行取得一笔质押贷款，这种情况下的贷款利率（即贴现利率）比正常的短期银行贷款利率低，而且当企业的贷款额度受到银行的限制时，通过票据贴现融资，就可以使企业不受贷款额度的约束。2018年2月公布的首份中国社会融资成本指数研究报告显示，我国企业票据融资平均成本仅为5.19%，比当前中国企业社会融资的平均融资成本还要低2.41%，可见票据融资在融资成本上具有绝对优势，可视为一种解决我国中小企业融资贵问题的有效途径。然而票据融资也存在许多问题，在全国票据融资业务高速发展的同时，我国各省的票据融资业务却表现出较大差异，尤其票据融资成本更是呈现出与经济发展水平密切相关的特点。由资本的逐利性可知，当各省的票据贴现利率存在较大差异时就会出现套利空间，企业可以通过将票据在低贴现利率的地区贴现融资，然后投向其他地区高收益率的金融产品赚取差价，这样会减少本地区的票据融资规模，进一步拉大区域间票据融资成本的差距，长远来看并不利于我国票据市场和实体经济的均衡发展。李克强总理在2019年初的国务院常务会议上也明确指出，票据融资和短期贷款的较快上升拉高了整个社会融资规模，大量的短期融资不仅有可能造成“套利”和“资金空转”等问题，而且可能会带来新的潜在风险。因此，分析造成我国各省票据融资成本差异化的影响因素和作用机制对削减票据套利空间、保证我国票据市场持续健康发展具有重要意义。

二、文献综述与研究假设

本文旨在从省级区域角度考察金融发展程度和银行集中度对票据融资成本

的影响。目前国内外的研究多从企业角度出发，将研究重点放在金融发展程度或银行集中度与信贷融资成本之间的关系上。

（一）金融发展与票据融资成本

金融发展就是金融结构的变化（Goldsmith，1969）；金融发展的过程就是不断克服金融系统中存在的各种成本，促进金融机构和金融市场中交易发生的过程（World Bank，2008）。一般来说，金融越发达的地区，企业的融资渠道就越多，企业借助外部融资的可能性就越大（Rajan和Zingales，1998；谢军和黄志忠，2014）。金融发展水平的提高可以削弱金融机构与企业之间信息不对等的程度，帮助金融机构规避企业的道德风险和逆向选择（Love，2001；Toole等，2016）。这一作用机制在现实中具体表现为高金融发展程度的地区往往具有较低的信贷融资约束（戴小勇，2015；凌立勤和王璐奇，2017），尤其在利率市场化时期这种效果表现得更加明显（孙刚和毛向乾，2010），而且金融发展水平的提高有助于降低我国民营和国有上市公司信贷融资成本的差异（沈洪波，2010；魏志华，2012）。对于大多数无政治关系的企业，也可以通过提高信贷资金分配效率和引入外资等方式提高金融发展程度来缓解融资约束（唐建新和陈冬，2009）。

假设1（H1）：在其他条件不变的情况下，区域金融发展与票据融资成本之间具有负相关关系，即金融发展程度越高的地区，票据融资成本越低。

（二）银行集中度与票据融资成本

国内外学者关于银行集中度与信贷融资成本关系的研究结论主要有“信息假说”和“市场势力假说”两种截然相反的观点，其中支持“市场势力假说”的居多。虽然两种假说都认为信贷市场的竞争程度是决定企业贷款关系的重要因素，但“信息假说”认为由于信息不对称和委托代理问题的存在，银行业竞争程度的加剧削弱了银行甄别客户的能力（Petersen和Rajan，1995；Arcuri等，2017），使银行更难及时全面地将信息模糊企业的信贷收益内生化，因此降低了企业的信贷可得性（尹志超，2015），增加了企业的信贷融资成本（周安，2018）。而“市场势力假说”认为银行竞争会增强银行的危机意识（Bonin和Alberto，2016）和创新意识，减少信贷审核流程、降低信贷审批标准（Leon和Florian，2015）促使银行提高对风险相对较高的中小企业的信贷投放比例（刘星和蒋水全，2015；张金清和阚细兵，2018），增加银行的资金配置效率，扩大企业的信贷可得性（Vives，2001；Han和Green，2015），进而降低企业的信贷融资成本（Boyd和Nicoló，2005；Rice和Strahan，2010；Martinez和Repullo，2010）。

虽然从目前来看，我国银行业仍过多地集中在大型国有商业银行和股份制商业银行，银行业集中度总体上高于最优水平（刘晓光和苟琴，2016），但促进银行竞争（李大武，2001；郑如飞，2001；林毅夫，2001）可以拓宽企业的融资渠道（李伟和成金华，2005）、降低企业的信贷融资成本、减小区域间企业获得银行信贷资金的比例差异、缩小企业的信贷利率差异（王明虎和郑兴东，2013）。综上所述，本文认为我国银行业集中度与信贷融资成本之间的关系更符合“市场势力假说”。

假设2（H2）：在其他条件不变的情况下，银行集中度越高，区域票据融资成本也越高。

（三）金融发展、银行集中度与票据融资成本

作为我国融资市场的主体，银行竞争会减弱单个银行在融资市场的垄断能力，使经营管理层放弃原有的垄断红利幻想（Gonzalez，2014），而银行集中度越高，处于垄断地位的大银行越容易凭借自己的绝对优势向借款人索要高额利率。此外，银行竞争还会降低银行特许牌照的价值（Jimenez等，2013），促使银行扩大信贷的风险投资（刘莉亚等，2017）。相反，银行市场越集中，银行越看重其业务牌照，进而对资产的把控更为严格。金融发展可以提高包括银行在内的整个金融市场的竞争程度，而且在越垄断的银行市场，这种效果越明显（凌碰和胡晋铭，2017）。造成这种现象的原因主要有两点：第一点是金

融发展水平的提高意味着金融中介机构的增加和金融结构的改善，所以金融发展程度越高，越有利于融资方式的创新，进而缓解企业的融资约束（代雪雅，2018），从而降低外源融资需求较大企业对银行的依赖程度（Stijn等，2005）。第二点是高集中度更有利于银行稳定（张雪兰和金婷，2018），而越倾向于稳定的银行越惜贷，但金融发展可以降低银行的稳定性（Antonio，2009），使金融创新加快，金融监管更加宽松，从而降低银行的准入门槛，所以越是集中的银行市场，金融发展水平的提高对市场的冲击越大。综上所述，本文认为同等条件下，银行市场越集中，金融发展水平的变动引发的影响效果越明显。

假设3（H3）:在其他条件不变的情况下，区域金融发展水平对票据融资成本的负向影响随银行业集中度的提高而增强。

三、研究设计

（一）变量选取与说明

1. 被解释变量。票据贴现率是衡量票据融资成本的最佳指标，票据贴现主要有直接贴现（以下简称直贴）和转贴现两种，其中直贴是重要的信贷业务，而转贴现则是典型的资金业务。本文重点关注票据的信贷属性，即考虑直贴指标。直贴指标又有商业承兑汇票贴现率和银行承兑汇票贴现率两种，由于银行承兑汇票信用等级高，在我国票据市场中占主要地位，而且现实中商业承兑汇票贴现的门槛较高，办理的机会较少，所以本文选择银行承兑汇票贴现率来衡量票据融资成本。

2. 解释变量。衡量金融发展程度的指标一直没有统一的口径。国外学者Arcuri等（2017）以及国内的大多数学者在研究区域金融发展时采用金融机构存贷款余额与地区生产总值之比来衡量。但也有学者认为此指标不能完全反映一个地区的金融发展程度。熊学萍和谭霖（2016）建立了包括金融深度、金融宽度、金融效率和金融发展生态环境四个维度的金融发展综合评价体系。杨昌辉（2018）则采用樊纲和王小鲁编制的“市场化进程指数”来测度我国各省份的金融发展程度。考虑到数据的类型和可得性，本文使用“市场化进程指数”中的金融市场化指数来衡量我国各省份的金融发展程度。研究银行集中度时常用的测量指标有赫芬达尔—赫希曼指数（HHI）和行业集中度指数（CRn）。由于我国银行业表现为工行、农行、中行、建行、交行五大国有商业银行占据主导地位，所以本文用CR5指数来衡量我国各省的银行集中度。

3. 控制变量。在研究区域金融发展和银行集中度对区域票据融资成本的影响时，还需要控制区域的所有制结构（李广子和刘力，2009；郑军，2013）、产业结构、其他融资结构、信贷融资规模（刘少英，2016）、信贷效率以及经济发展情况（肖小和，2014）等因素。

表1　变量定义与说明

<table>
<tr><th>变量性质</th><th colspan="2">变量名称</th><th>指标</th><th>具体数据选择</th></tr>
<tr><td rowspan="2">被解释变量</td><td rowspan="2" colspan="2">票据融资成本</td><td>BFC</td><td>省际银行承兑汇票贴现率</td></tr>
<tr><td>CFC</td><td>省际商业承兑汇票贴现率</td></tr>
<tr><td rowspan="2">解释变量</td><td colspan="2">金融发展程度</td><td>DRF</td><td>省际金融市场化指数</td></tr>
<tr><td colspan="2">银行集中度</td><td>BCON</td><td>五大国有商业银行贷款总额除以各省银行类金融机构贷款总额</td></tr>
<tr><td colspan="3">交互项</td><td>DB</td><td>DRF·BCON</td></tr>
<tr><td rowspan="11">控制变量</td><td colspan="2">所有制结构</td><td>RPO</td><td>省际国有企业固定资产投资总额/省际固定资产投资总额</td></tr>
<tr><td colspan="2">产业结构</td><td>RIS</td><td>（省际工业产值+批发、零售业产值）/省际GDP总量</td></tr>
<tr><td rowspan="2">其他融资结构</td><td>股票融资比</td><td>EFR</td><td>省际股票融资额/省际GDP总额</td></tr>
<tr><td>债券融资比</td><td>BFR</td><td>省际债券融资额/省际GDP总额</td></tr>
<tr><td rowspan="2">信贷融资规模</td><td>票据融资比</td><td>NFR</td><td>省际票据融资额/省际GDP总额</td></tr>
<tr><td>信贷规模</td><td>CGR</td><td>省际贷款总额/省际GDP</td></tr>
<tr><td rowspan="3">信贷效率</td><td>存贷比</td><td>LDR</td><td>省际贷款总额/省际存款总额</td></tr>
<tr><td>不良贷款率</td><td>NPL</td><td>金融机构不良贷款占总贷款余额的比重</td></tr>
<tr><td>从业人数比</td><td>EPR</td><td>银行类金融机构从业人数/总劳动人数</td></tr>
<tr><td rowspan="2">经济发展</td><td>通货膨胀率</td><td>PPI</td><td>生产者价格指数</td></tr>
<tr><td>人均GDP</td><td>PGDP</td><td>人均GDP同比增长率</td></tr>
</table>

（二）样本选择与数据来源

由于我国分省票据贴现利率的数据从2005年开始才有专门的数据库统计，所以本文选取我国30个省级行政区（西藏因为部分数据缺失，所以剔除）2005—2017年的相关数据作为研究样本。其中各省的票据融资额来源于国泰君安数据库，银行承兑汇票贴现率和金融市场化指数等其他数据均来源于Wind数据库。本文进行统计分析时所用计量软件为Stata14.0。

（三）模型设定

基于以上理论分析和数据特征，本文设定以下模型来验证所提假设：

$$BFC_{i,t}=c+\alpha_1 DRF_{i,t}+\alpha_2 BCON_{i,t}+\alpha_3 DRF_{i,t}\cdot BCON_{i,t}+\lambda control_{i,t}+\varepsilon_{i,t} \quad (1)$$

其中，i表示省份，t表示年度，$control_{i,t}$表示各种控制变量的向量集合，$\varepsilon_{i,t}$是随机误差项。

四、实证分析

（一）描述性统计

各变量的描述性统计结果如表2所示，可以发现，所有变量的标准差均较小，说明变量在观测区间内波动较小，数据较稳定，可以用来分析，且金融市场化指数（*DRF*）和银行集中度（*BCON*）的均值与中位数接近，表明数据分布较均匀，存在极端值的可能性较小。

表2　变量的描述性统计结果

变量	样本量	均值	标准差	最小值	25分位数	中位数	75分位数	最大值
BFC	388	4.70	1.53	1.84	3.37	4.67	5.77	9.41
DRF	388	5.78	2.76	1.53	3.25	5.59	7.87	12.66

续表

变量	样本量	均值	标准差	最小值	25分位数	中位数	75分位数	最大值
BCON	388	0.49	0.17	0.13	0.38	0.48	0.59	1.09
RPO	388	0.30	0.11	0.10	0.22	0.29	0.39	0.58
RIS	388	0.48	0.08	0.24	0.44	0.49	0.54	0.63
EFR	388	0.05	0.05	0.00	0.01	0.04	0.06	0.44
BFR	388	0.10	0.09	−0.33	0.04	0.08	0.15	0.64
NFR	388	0.05	0.03	0.00	0.02	0.04	0.06	0.25
PPI	388	0.31	8.14	−26.55	−3.41	−0.19	2.88	46.55
NPL	388	3.66	4.72	0.35	1.04	1.63	3.13	24.77
CGR	388	1.18	0.42	0.54	0.88	1.09	1.37	2.58
EPR	388	25.95	9.28	0.00	19.40	23.50	31.37	57.35
LDR	388	0.73	0.11	0.46	0.65	0.73	0.80	1.10
PGDP	388	12.89	7.25	−22.28	7.73	11.88	17.96	37.01

（二）相关性分析

各变量的Pearson相关系数矩阵如表3所示，可以看出解释变量、调节变量和大部分控制变量与被解释变量（*BFC*）是显著相关的，故可认为本文选取的变量是合适的。此外，从相关性矩阵还可以看出区域金融发展程度与票据融资成本具有负相关关系，而银行集中度与票据融资成本之间的负相关性与理论分析的结论相矛盾，这可能是因为没有控制其他影响银行集中度与票据融资成本之间关系的因素，也说明并不能完全依赖统计意义上的相关性来解释经济意义，故需要建立实证模型进一步进行检验。

表3　变量的Pearson相关系数矩阵

	BFC	*DRF*	*BCON*	*RPO*	*RIS*	*EFR*	*BFR*	*NFR*	*PPI*	*NPL*	*CGR*	*EPR*	*LDR*	*PGDP*
BFC	1.000													
DRF	−0.426***	1.000												
BCON	−0.115**	0.197***	1.000											
RPO	−0.132***	0.041	0.378***	1.000										
RIS	0.105**	0.180***	0.064	−0.192***	1.000									
EFR	0.004	0.072	−0.102**	−0.068	−0.058	1.000								
BFR	0.193***	−0.073	−0.134***	−0.127**	−0.080	0.064	1.000							
NFR	−0.292***	0.180***	−0.129**	0.146***	−0.121**	0.084*	0.110**	1.000						
PPI	0.098*	−0.324***	−0.189***	−0.070	−0.082	0.151***	−0.138***	−0.025	1.000					
NPL	−0.352***	0.201***	0.341***	0.296***	−0.010	0.045	−0.211***	0.001	−0.062	1.000				
CGR	−0.016	−0.027	−0.289***	0.020	−0.496***	0.121**	0.262***	0.553***	0.096*	−0.316***	1.000			
EPR	0.087*	−0.004	−0.461***	−0.215***	0.016	0.173***	0.262***	0.365***	0.033	−0.236***	0.613***	1.000		
LDR	0.066	−0.104**	0.058	0.012	−0.026	−0.167***	−0.279***	0.036	0.070	−0.118**	0.185***	0.037	1.000	
PGDP	0.177***	0.089*	0.400***	0.217***	0.188***	0.150***	−0.158***	−0.268***	0.230***	0.266***	−0.383***	−0.371***	−0.110**	1.000

注：*表示10%的显著性水平下显著，**表示5%的显著性水平下显著，***表示1%的显著性水平下显著。

（三）基础回归

表4显示了采用固定效应普通标准误（FE）、固定效应聚类稳健标准误（FE_robust）和自助法[①]计算的标准误（FE_bootstrap）分别对模型（1）进行估计的结果。可以看出采用不同标准误时，模型（1）中各参数的估计结果虽然一样，但标准误的数值和拟合优度的大小都发生了变化，其中使用聚类稳健标准误进行估计时模型的拟合优度最大。

表4　基础回归结果

变量	FE	FE_robust	FE_bootstrap
	BFC	*BFC*	*BFC*
DRF	−0.084 （0.082）	−0.084* （0.044）	−0.084 （0.053）
BCON	1.418 （0.899）	1.418*** （0.390）	1.418*** （0.500）
DRF·BCON	−0.291* （0.158）	−0.291*** （0.087）	−0.291*** （0.104）
RPO	−2.119 （1.379）	−2.119* （1.197）	−2.119 （1.405）
RIS	9.679*** （2.174）	9.679*** （2.691）	9.679*** （3.024）
EFR	−1.747 （1.221）	−1.747 （1.132）	−1.747 （1.226）
BFR	1.245 （0.769）	1.245* （0.619）	1.245 （0.767）
NFR	−11.239*** （2.750）	−11.239* （5.687）	−11.239* （5.980）
PPI	−0.021** （0.008）	−0.021** （0.008）	−0.021*** （0.008）
NPL	−0.078*** （0.016）	−0.078*** （0.016）	−0.078*** （0.019）
CGR	−1.701*** （0.637）	−1.701** （0.756）	−1.701* （0.896）
EPR	0.085*** （0.024）	0.085*** （0.027）	0.085*** （0.028）
LDR	8.802*** （1.476）	8.802*** （2.177）	8.802*** （2.438）

① 根据Cameron和Trivedi（2010）的建议，针对5%的显著性水平，如果采用自助法计算标准误，则自助样本个数取400较为合适。

续表

变量	FE	FE_robust	FE_bootstrap
	BFC	*BFC*	*BFC*
PGDP	0.068*** （0.013）	0.068*** （0.016）	0.068*** （0.017）
常数量	−5.443*** （1.736）	−5.443** （2.135）	−5.443** （2.546）
样本量	388	388	388
adj. R^2	0.500	0.539	0.500

注：括号内为标准误，*代表p<0.1，**代表p<0.05，***代表p<0.01。

从模型（1）的回归结果来看，在10%的显著性水平下，区域金融发展水平对票据融资成本的回归系数为−0.084，说明在其他条件不变时，金融发展水平每提高一个单位，票据融资成本平均降低0.084个单位，进而验证了假设1。在1%的显著性水平下，银行集中度系数显著为正，说明银行集中度对票据融资成本具有正向影响，从而支持了假设2。二者交互项系数为−0.291，说明当银行集中度取均值（0.490）时，金融发展程度每提高1个单位，就会使票据融资成本平均降低0.227个单位，且随着银行集中度的提高，金融发展程度对票据融资成本的影响会逐渐加强。这归因于金融发展水平的提高会增加金融市场的竞争、降低交易成本、促进交易效率、拓宽企业融资渠道，所以在增加银行竞争压力的同时，减小了银行承担的风险，促使银行降低票据融资成本，而且在银行集中度越高的市场，这种效果就越明显，即假设3也是成立的。

（四）内生性问题

虽然上文中固定效应模型的最小二乘估计可以排除各省不能观测到的不随时间变动的个体效应，但金融发展涵盖范围较广，随机扰动项中可能包含其他与金融发展程度相关的因素，如居民的人口结构、金融意识及融资观念等，因此模型可能存在内生性问题。本文选取每万人刑事逮捕率（CRA）和每万人被刑事诉讼率（CRP）两个指标[①]作为金融发展程度的工具变量。以上两个指标都是用来衡量一个地区犯罪情况与信用水平的指标，而已有研究（陈志武，2018）表明，一个地区的刑事犯罪率和诉讼率越高，表示该地区的民风和信用环境越差，居民的契约意识越低，金融机构面临的违约风险越高，越不利于该地区的金融发展。钱先航和曹廷求（2015）的研究结果也表明在贷款过程中，法律和信用是互补的，一般法律执行好的地区，银行会降低信贷审查要求，提高信贷可得性，而信用环境的完善能够帮助银行更好地进行信贷定价，降低不良贷款率。因此，理论上这两个工具变量与金融发展程度相关，且与扰动项不相关，可以作为有效的工具变量。

模型（1）既包含金融发展程度和银行集中度，又包含二者的交互项，如果仅考虑金融发展程度的内生性显然是不合理的，Ebbes等（2016）认为对于这种情况目前主要有两种处理方式。一种是做两次两阶段最小二乘回归，具体步骤如下。

第一步：对内生解释变量和含有内生解释变量的交互项分别作一次最小二乘回归。

$$\begin{aligned} DRF_{i,t} = c + \chi_1 CRA_{i,t} + \chi_2 CRP_{i,t} + \chi_3 BCON_{i,t} + \chi_4 CRA_{i,t} \cdot BCON_{i,t} \\ + \chi_5 CRP_{i,t} \cdot BCON_{i,t} + \chi control_{i,t} + \nu_{i,t} \end{aligned} \tag{2}$$

$$\begin{aligned} DB_{i,t} = c + \gamma_1 CRA_{i,t} + \gamma_2 CRP_{i,t} + \gamma_3 BCON_{i,t} + \gamma_4 CRA_{i,t} \cdot BCON_{i,t} \\ + \gamma_5 CRP_{i,t} \cdot BCON_{i,t} + \gamma control_{i,t} + \mu_{i,t} \end{aligned} \tag{3}$$

第二步：用模型（2）和模型（3）中被解释变量的拟合值替换模型（1）中的原变量，再进行一次最小二乘回归。

$$BFC_{i,t} = c + \alpha_1 \widehat{DRF}_{i,t} + \alpha_2 BCON_{i,t} + \alpha_3 \widehat{DB}_{i,t} + \alpha control_{i,t} + \varepsilon_{i,t} \tag{4}$$

① CRA=批转逮捕刑事犯罪嫌疑人数/年末总人口，CRP=提起公诉刑事犯罪嫌疑人数/年末总人口，数据来源于历年《中国检察年鉴》和各省检察院的年度工作报告手工整理。

另一种方法是控制函数法，其核心思想认为第一阶段回归的残差已经捕捉了造成原模型存在内生性问题的“遗漏变量”，将第一阶段回归的残差纳入原模型，且不对原模型进行其他变动，即可认为控制了“遗漏变量”，从而可以缓解内生性问题。其处理步骤如下。

第一步：仅对内生变量做一阶段回归。

$$DRF_{i,t}=c+\chi_1 CRA_{i,t}+\chi_2 CRP_{i,t}+\chi_3 BCON_{i,t}+\chi control_{i,t}+\eta_{i,t} \tag{5}$$

第二步：将一阶段回归的残差项直接作为额外项加入原模型中进行回归。

$$BFC_{i,t}=c+\alpha_1 DRF_{i,t}+\alpha_2 BCON_{i,t}+\alpha_3 DB_{i,t}+\alpha control_{i,t}+\alpha_4\hat{\eta}+\varepsilon_{i,t} \tag{6}$$

Wooldridge（2015）表示这两种方法除了标准误的选择外，没有其他太大差异，故本文分别用以上两种方法进行处理，其中对两阶段最小二乘法采用聚类稳健标准误，对控制函数法采用自助法计算的标准误（自助抽样400次），处理结果如表5所示。

表5 工具变量回归结果

变量	两阶段最小二乘法			控制函数法	
	模型（2）	模型（3）	模型（4）	模型（5）	模型（6）
	DRF	*DB*	*BFC*	*DRF*	*BFC*
DRF					−0.466** （0.237）
BCON	−2.364 （2.582）	3.555** （1.332）	0.419 （2.275）	0.310 （1.135）	1.480*** （0.512）
DB					−0.257** （0.111）
$\hat{DRF}$			−0.558 （0.415）		
$\hat{DB}$			−0.026 （0.492）		
CRA	0.101 （0.283）	−0.165 （0.152）		0.497*** （0.161）	
CRP	−0.249 （0.162）	0.039 （0.084）		−0.432*** （0.131）	
CAB	0.914** （0.414）	1.041*** （0.247）			

续表

变量	两阶段最小二乘法			控制函数法	
	模型（2）	模型（3）	模型（4）	模型（5）	模型（6）
	DRF	*DB*	*BFC*	*DRF*	*BFC*
CPB	−0.370 （0.239）	−0.627*** （0.157）			
RPO	6.665*** （2.117）	3.406*** （1.137）	0.506 （2.003）	6.593*** （2.033）	0.754 （1.989）
RIS	3.339 （4.337）	1.038 （2.564）	11.366*** （3.242）	3.525 （4.404）	11.105*** （3.017）
EFR	2.182 （1.501）	1.749** （0.849）	−1.372 （1.213）	2.263 （1.500）	−1.216 （1.348）
BFR	−2.964*** （0.969）	−1.477*** （0.506）	−0.168 （0.920）	−3.532*** （0.920）	−0.388 （1.145）
NFR	9.566** （4.339）	3.862* （2.046）	−7.676 （6.263）	7.965 （4.779）	−7.797 （6.444）
PPI	−0.076*** （0.015）	−0.038*** （0.007）	−0.048** （0.020）	−0.074*** （0.014）	−0.050** （0.020）
NPL	0.012 （0.034）	0.015 （0.021）	−0.075*** （0.020）	0.017 （0.035）	−0.071*** （0.020）
CGR	−0.900 （1.442）	−0.275 （0.642）	−2.219*** （0.797）	−0.790 （1.562）	−2.273** （0.955）
EPR	−0.112* （0.063）	−0.058* （0.031）	0.026 （0.043）	−0.106* （0.059）	0.020 （0.039）
LDR	4.248 （3.145）	2.111 （1.576）	10.116*** （1.989）	4.249 （3.139）	10.254*** （2.317）
PGDP	−0.045** （0.021）	−0.029** （0.011）	0.059*** （0.019）	−0.048** （0.021）	0.056*** （0.019）
e					0.379* （0.223）
常数项	4.765 （3.502）	0.265 （1.807）	−3.304 （2.736）	3.686 （3.257）	−3.475 （2.937）
样本量	388	388	388	388	388
adj. R^2	0.359	0.603	0.463	0.359	0.509

注：括号中为标准误，*代表p<0.1，**代表p<0.05，***代表p<0.01，*e*为对模型（5）回归后的残差拟合值；*DB*=*DRF*·*BCON*，*CRA*=*CRA*·*BCON*，*CRP*=*CRP*·*BCON*。

由表5可知，在本文中两种方法下的回归结果差异较大，虽然解释变量与交互项系数的符号在两阶段最小二乘法下均与基础回归的结果一致，但均不显著，而控制函数法下的回归结果在5%的显著性水平下，系数均显著，这主要是因为使用自助法计算的标准误要小于聚类稳健标准误，所以当进一步考虑了内生性问题后，上述结论仍然是成立的。

（五）金融发展对票据融资成本的边际效应分析

上文已经证明金融发展程度对票据融资成本的影响会随银行集中度的提高而增强，为了更加深入地分析这一变化，本文计算了不同银行集中度水平下，金融发展水平对票据融资成本的边际影响，结果如表6所示，并将这种边际效应的变化通过图1进行了形象描述。

表6　金融发展水平对票据融资成本的边际效应分析

银行集中度	边际效应大小	标准误	Z值	P>|Z|	95%置信区间	
min	−0.123	0.034	−3.660	0.000	−0.189	−0.057
P25	−0.196	0.018	−11.030	0.000	−0.230	−0.161
median	−0.225	0.016	−14.340	0.000	−0.256	−0.195
mean	−0.227	0.016	−14.400	0.000	−0.258	−0.196
P75	−0.257	0.019	−13.790	0.000	−0.293	−0.220
max	−0.401	0.055	−7.250	0.000	−0.510	−0.293

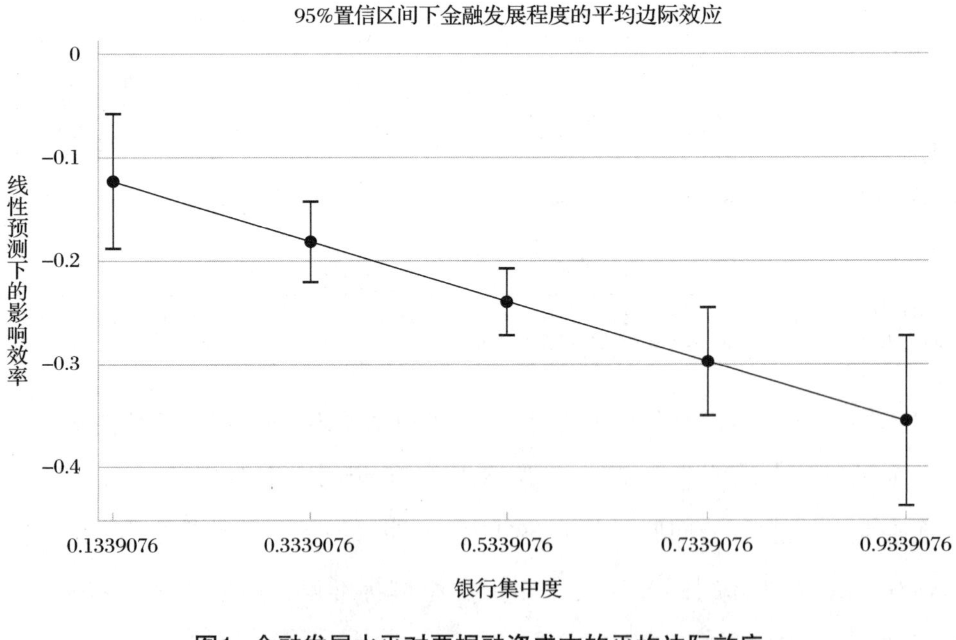

图1　金融发展水平对票据融资成本的平均边际效应

由表6和图1均可以看出，在银行集中度从最小值到最大值变化的过程中，金融发展水平对票据融资成本的影响系数在5%的显著性水平下，始终是负向显著的，且绝对值逐渐变大，说明金融发展水平的负向效应随银行集中度的提高而递增，进一步验证了假设3。

（六）稳健性检验

对于模型（1）的稳健性检验，可以考虑替换主要解释变量。首先可用HHI替换CR5指数来计算银行集中度，用金融机构存贷款总额与区域GDP之比衡量金融发展程度（FIN），其次考虑二者交互项，最后进行回归，回归结果如表7前三列所示。在此基础上，还可用商业承兑汇票贴现利率衡量票据融资成本，再进行回归，回归结果如表7后三列所示。回归结果均表明上述结论是成立的。

表7　稳健性检验回归结果

变量	FE	FE_robust	FE_bootstrap	FE	FE_robust	FE_bootstrap
	BFC	*BFC*	*BFC*	*CFC*	*CFC*	*CFC*
FIN	−1.416*** （0.542）	−1.416* （0.792）	−1.416 （1.322）	−0.593 （0.656）	−0.593 （0.689）	−0.593 （1.062）
HHI	8.398** （3.932）	8.398** （3.558）	8.398* （4.960）	12.725*** （4.756）	12.725** （4.791）	12.725** （6.216）
FH	−5.505*** （1.635）	−5.505*** （1.719）	−5.505** （2.250）	−7.268*** （1.978）	−7.268*** （2.041）	−7.268*** （2.620）
RPO	−3.235** （1.472）	−3.235** （1.463）	−3.235* （1.685）	−2.781 （1.783）	−2.781 （1.687）	−2.781 （1.949）
RIS	9.184*** （2.383）	9.184*** （2.584）	9.184*** （2.993）	8.199*** （2.882）	8.199*** （2.826）	8.199** （3.408）
EFR	−2.563* （1.320）	−2.563* （1.318）	−2.563* （1.374）	−1.431 （1.598）	−1.431 （1.308）	−1.431 （1.327）
BFR	2.768*** （0.828）	2.768*** （0.679）	2.768*** （0.798）	2.686*** （1.003）	2.686*** （0.892）	2.686*** （1.000）
NFR	−15.067*** （2.967）	−15.067*** （4.537）	−15.067*** （4.669）	−3.068 （3.603）	−3.068 （6.936）	−3.068 （7.649）
PPI	−0.001 （0.009）	−0.001 （0.009）	−0.001 （0.009）	−0.010 （0.011）	−0.010 （0.012）	−0.010 （0.012）
NPL	−0.081*** （0.017）	−0.081*** （0.016）	−0.081*** （0.018）	−0.079*** （0.021）	−0.079*** （0.016）	−0.079*** （0.019）

续表

变量	FE	FE_robust	FE_bootstrap	FE	FE_robust	FE_bootstrap
	BFC	*BFC*	*BFC*	*CFC*	*CFC*	*CFC*
CGR	4.814*** （1.066）	4.814** （1.767）	4.814** （2.365）	4.619*** （1.290）	4.619** （2.099）	4.619* （2.583）
EPR3	0.104*** （0.026）	0.104*** （0.035）	0.104*** （0.037）	0.106*** （0.032）	0.106** （0.046）	0.106** （0.048）
PGDP	0.070*** （0.014）	0.070*** （0.018）	0.070*** （0.019）	0.050*** （0.017）	0.050** （0.021）	0.050** （0.022）
常数项	−1.278 （2.084）	−1.278 （2.149）	−1.278 （2.810）	−2.793 （2.523）	−2.793 （2.361）	−2.793 （3.299）
样本量	388	388	388	386	386	386
adj. R^2	0.418	0.463	0.418	0.229	0.289	0.229

注：括号中为标准误，*代表p<0.1，**代表p<0.05，***代表p<0.01，由于*FIN*与*LDR*存在共线性，所以在用*FIN*代替*DRF*时，从模型中剔除*LDR*。

五、结论及建议

本文实证研究了区域金融发展和银行集中度与票据融资成本之间的关系，并发现企业的票据融资成本随区域金融发展水平的提高而降低，随银行集中度的提高而提高，且银行集中度会影响金融发展程度与票据融资成本之间的关系，具体表现为银行集中度越高的市场，金融发展程度对企业票据融资成本的影响就越强。基于该实证结果，本文提出以下建议。

其一，目前我国商业票据市场在区域间还存在流通壁垒，各商业银行处于业绩盈利压力之下，为了维持区域范围内的票据融资规模，银行通常不支持企业进行跨区域的大规模资金转换，企业迫于资金需求压力，只能在区域内进行票据贴现融资（张静，2017）。换而言之，区域票据融资市场是一个相对较封闭的市场，在这样的市场里，高银行集中度就意味着高垄断性，处于主导地位的银行更容易凭借其垄断权向企业收取更高的利息，所以在区域内适度放松银行业准入门槛、允许民营资本建立社区银行和城商行、加强银行市场的竞争，不仅可以向银行市场注入新的力量，削弱这种垄断势力，而且可以提高企业办理贴现业务的效率。

其二，就票据融资业务本身来看，企业的商业票据交易是建立在信用交易基础之上的，所以当企业进行票据贴现融资时，银行需要考虑企业的信用情况，若银行与企业之间信息不透明，导致银行无法全面了解企业的信用状况，那么银行承担的风险就高。此时，银行为了保证自身利益，会通过提高企业的票据贴现率来要求额外的风险补偿，这一系列反应最终表现为企业票据融资成本的上升。区域金融发展水平的提高不仅可以改善市场的信息传播环境，加快信息的传导，而且可以增加区域内金融主体的数量，调动金融市场的活跃程度，迫使银行降低审批标准，在一定程度上削弱由高银行集中度造成的企业票据融资成本上升幅度。因此，尽快完善相关法律制度和监管框架，提高金融发展程度是一种降低企业票据融资成本较高的有效途径。

参考文献

[1] 陈志武 . 陈志武金融通识课——金融其实很简单 [M]. 长沙：湖南文艺出版社，2018.

[2] 戴小勇 . 金融发展对企业融资约束与研发投资的影响机理 [J]. 研究与发展管理， 2015，27(3)：25－33.

[3] 代雪雅 . 银行业市场结构、金融发展与中小企业融资 [J]. 金融经济，2018(16)：13－16.

[4] 李大武 . 中小企业融资难的原因剖析及对策选择 [J]. 金融研究，2001(10)：124－131.

[5] 李广子，刘力 . 债务融资成本与民营信贷歧视 [J]. 金融研究，2009(12)：137－150.

[6] 凌立勤，王璐奇 . 金融发展与民营企业融资约束 [J]. 管理学刊，2017(1).

[7] 凌碰，胡晋铭 . 银行规模、金融发展与中小企业规模增长——基于

2006—2015 年的省级面板数据分析 [J]. 金融与经济，2017(12)：28-34.

[8] 刘少英 . 我国票据融资规模影响因素研究 [J]. 新金融，2016(12)：47-52.

[9] 李伟，成金华 . 基于信息不对称的中小企业融资的可行性分析 [J]. 世界经济，2005(11)：71-77.

[10] 刘星，蒋水全 . 银行股权关联、银行业竞争与民营企业融资约束 [J]. 中国管理科学，2015，23(12).

[11] 刘晓光，苟琴 . 银行业结构对中小企业融资的影响 [J]. 经济理论与经济管理，2016，36(6)：58-71.

[12] 林毅夫，孙希芳，姜烨 . 经济发展中的最优金融结构理论初探 [J]. 经济研究，2009(8)：45-49.

[13] 刘莉亚，余晶晶，杨金强，朱小能 . 竞争之于银行信贷结构调整是双刃剑吗？——中国利率市场化进程的微观证据 [J]. 经济研究，2017，52(5)：131-145.

[14] 钱先航，曹廷求 . 法律、信用与银行贷款决策——来自山东省的调查证据 [J]. 金融研究，2015(5)：101-116.

[15] 孙刚，毛向乾 . 金融发展环境、利率市场化与债务融资决策 [J]. 广东金融学院学报，2010，25(4)：36-48.

[16] 沈红波，寇宏，张川 . 金融发展、融资约束与企业投资的实证研究 [J]. 中国工业经济，2010(6)：55-64.

[17] 唐建新，陈冬 . 金融发展与融资约束——来自中小企业板的证据 [J]. 财贸经济，2009(5)：5-11.

[18] 王明虎，郑兴东 . 银行竞争、区域信贷差异与上市公司信贷融资 [J]. 财政研究，2013(10)：60-64.

[19] 魏志华，王贞洁，吴育辉，李常青 . 金融生态环境、审计意见与债务融资成本 [J]. 审计研究，2012(3)：98-105.

[20] 谢军，黄志忠 . 区域金融发展、内部资本市场与企业融资约束 [J]. 会

计研究， 2014(7):75-81.

[21] 肖小和．票据利率呈阶段式波动走高态势 [N]. 上海证券报，2014-01-10(A03).

[22] 肖小和．票据融资对促进实体经济发展至关重要 [N]. 上海证券报，2014-09-13(006).

[23] 肖小和．国有商业银行应以票据产品链为突破口进一步支持实体经济发展 [J]. 中国城市金融，2016(2):40-43.

[24] 肖小和．中国票据市场四十周年回顾与展望 [J]. 金融与经济，2018(11):73-79.

[25] 肖小和．新时代中国票据业务发展创新的探索与展望 [J]. 金融与经济，2018(12):4-13.

[26] 熊学萍，谭霖．中国区域金融发展水平测度与比较分析——基于省际面板数据（2004—2013）[J]. 经济与管理，2016，30(5):72-78.

[27] 杨昌辉，张可莉．利率市场化、区域金融发展与企业融资成本 [J]. 财会月刊，2018(2):155-162.

[28] 尹志超，钱龙，吴雨．银企关系、银行业竞争与中小企业借贷成本 [J]. 金融研究，2015(1):134-149.

[29] 周安．银行竞争会提升信贷成本吗？——来自我国上市银行的实证分析 [J]. 上海金融，2018(6):23-31.

[30] 郑军，林钟高，彭琳．货币政策、内部控制质量与债务融资成本 [J]. 当代财经，2013(9):118-129.

[31] 张静．关于商业票据应对中小企业融资困境问题的分析 [J]. 商场现代化， 2017(2).

[32] 张金清，阚细兵．银行业竞争能缓解中小企业融资约束吗？[J]. 经济与管理研究，2018，39(4):42-54.

[33] 张雪兰，金婷．银行业竞争与稳定的关系研究 [J]. 统计与决策，

2018(6):169–172.

[34] 郑如飞．发展中小银行促进中小企业融资[J]. 经济管理，2001(7):72–73.

[35] Ruiz–Porras A. Financial Structure, Financial Development and Banking Fragility: International Evidence[J]. Anâlisis Económico，2009，24(56).

[36] Arcuri, G, Levratto N. Early Stage SME Bankruptcy: Does the Local Banking Market Matter?[J]. Small Business Economics, 2018(4):1–16.

[37] Bank W. Global Development Finance. The Role of International Banking, Volume 1. Review, Analysis, and Outlook[M]// Global Development Finance 2008: The Role of International Banking, Volume 2. Summary and Country Tables. 2008.

[38] Boyd, J.H. Nicoló G De. The Theory of Bank Risk–Taking and Competition Revisited[J]. The Journal of Finance, 2005, 60(3):1329–1343.

[39] Bonini S, Dell'Acqua A, Fungo M, Kysucky V. Credit Market Concentration, Relationship Lending and the Cost of Debt[J]. International Review of Financial Analysis. 2016, 45:172–179.

[40] Bank W. Global Development Finance 2008: The Role of International Banking, Volume 1. Review, Analysis, and Outlook[M]. Global Development Finance, World Bank Publications, 2008.

[41] Ebbes P, Papies D, Heerde H J V. Dealing with Endogeneity: A Nontechnical Guide for Marketing Researchers[M]. Handbook of Market Research. Springer International Publishing, 2016.

[42] Gertler M, Lown C S. The Information in the High Yield Bond Spread for the Business Cycle: Evidence and Some Implications[J]. Oxford Review of Economic Policy, 1999, 15(3):132–150.

[43] Han L, Zhang S, Greene F. Bank Market Concentration, Relationship Banking, and Small Business Liquidity[J]. Social Science Electronic Publishing, 2015,

35(4):365–384.

[44] Jiménez G, Lopez J A, Saurina J. How does Competition Affect Bank Risk–taking?[J]. Journal of Financial Stability, 2013, 9(2):185–195.

[45] Love L. Financial Development and Financial Constraints: International Evidence from the Structural Investment Mode[R]. New York: World Bank Working Paper, 2001.

[46] Leon, Florian. Does Bank Competition Alleviate Credit Constraints in Developing Countries?[J]. Journal of Banking & Finance, 2015, 57:130–142.

[47] Martinez–Miera D, Repullo R. Does Competition Reduce the Risk of Bank Failure?[J]. Review of Financial Studies, 2010, 23(10):3638–3664.

[48] O' Toole C, Newman C. Investment Financing and Financial Development: Evidence from Viet Nam[J]. Review of Finance, 2016:1639–1674.

[49] Petersen M A , Rajan R G. The Effect of Credit Market Competition on Lending Relationships[J]. Quarterly Journal of Economics, 1995, 110(2):407–443.

[50] Rajan R G, Zingales L. Financial Dependence and Growth[J]. Social Science Electronic Publishing, 1998, 88(3):559–586.

[51] Rice T, Strahan P E. Does Credit Competition Affect Small–Firm Finance?[J]. Journal of Finance, 2010, 65(3):861–889.

[52] Claessen S, Laeven L. Financial Dependence, Banking Sector Competition and Economic Growth[J]. Journal of the European Economic Association, 2005, 3(1):179–207.

[53] Vives, X. Competition in the Changing World of Banking[J]. Oxford Review of Economic Policy, 2001, 17(4):535–554.

[54] Wooldridge J M. Control function methods in applied econometrics[J]. Journal of Human Resources, 2015, 50(2):420–445.

基于国际发展视角的供应链票据标准化融资产品研究与展望

谢康康　黄家驹[①]

[摘　要] 本文首先梳理了美、日两国及我国台湾地区票据市场发展脉络，并重点将海峡两岸票据市场进行比对分析。其次，总结了我国发展供应链票据标准化产品的时代背景和模式特点。最后，结合上述票据市场发展进程与我国当前国情，对供应链票据标准化融资产品发展路径进行分析，并以此提出相关建议和展望。

[关键词] 商业票据　国际发展视角　供应链票据标准化融资产品

一、引言

2020年4月，人民银行、商务部、工业和信息化部等八部门联合在《关于进一步做好供应链创新与应用试点工作的通知》中指出，“发挥供应链创新与应用试点工作在推动复工复产、稳定全球供应链、助力脱贫攻坚等方面的重要

① 作者简介：谢康康，女，湖南长沙人，现供职于邮政储蓄银行湖南省分行；黄家驹，男，四川眉山人，现供职于工商银行票据营业部广州分部。本文仅代表作者个人观点，与所在机构无关。

作用”。银行业金融机构也以供应链金融为抓手，辅助实体企业开展生产贸易，提升和改善企业应收账款的透明度，使持票企业可通过贴现、标准化票据等一揽子服务完成贸易融资。人民银行也在推动供应链融资服务的大背景下拟定了《标准化票据管理办法》以更好地服务中小企业。其中，2020年7月28日“信银TCLSDN001”作为首笔供应链票据标准化产品在上海票据交易所（以下简称票交所）、上海清算所、中国外汇交易中心等基础设施的配合下流通上市，为小微企业赋能，加速票据市场迈向连通债券市场的新阶段。2020年8月19日，中国外汇交易中心发布《关于试运行直投模式下境外机构投资者直接交易服务的通知》（中汇交发〔2020〕224号），自2020年9月1日起，境外机构投资者将可以直投参与标准化票据投资。我国票据市场正在逐步向标准化票据融资模式发展，有助于传统结算型票据向中国特色标准化短期债务融资工具（类商业票据）转型，走出中国特色的发展道路。

二、其他国家和地区票据市场发展简介

（一）美国票据市场发展进程简介

为促进本国的国际贸易业务发展，将纽约建成与伦敦齐名的国际金融中心，美国于20世纪初大力发展银行承兑汇票市场。美联储直接参与市场交易，甚至为国外央行代理购买银行承兑汇票。进入20世纪30年代，受制于经济大萧条及商业银行倒闭潮影响，银行承兑汇票市场快速萎缩。直到1960年，银行承兑汇票市场业务规模才缓慢恢复到经济大萧条发生前的水平。进入20世纪70年代，伴随着美国进出口贸易的规模增长，银行承兑汇票市场也进入了快车道发展阶段。但20世纪80年代以来，银行承兑汇票市场总量逐渐减少，到2012年，美联储甚至暂停其余额的年度统计更新。

究其原因主要有以下两个方面：一是随着跨国公司的建立和信息技术发

展，银行承兑汇票的国际结算功能已被电汇等电子化支付结算方式逐渐取代。二是20世纪80年代以来，美国商业信用发展迅猛，成本更低、方式更灵活的短期融资工作先后出现（如商业票据、资产支持商业票据），对银行承兑汇票的融资功能形成替代效应。伴随着间接融资向直接融资的转换，承兑汇票市场已走向衰落，当前商业票据在融资市场中占据主导地位。

（二）日本票据市场发展进程简介

日本票据业务自19世纪80年代明治维新开始推行，定位和欧美不同，开始主要作为国内商贸活动支付工具流转，但其规模一直不大。其中“震灾票据”的再贴现业务模式更成为1927年昭和经济危机的直接导火索，整个日本经济与票据市场全盘崩溃。第二次世界大战后，日本在美国支援下重塑经济，但本国并没有发展银行承兑汇票，而完全依赖美国承兑汇票市场进行贸易融资。直到 1985年，为推动日本全球化战略，才重启本国银行承兑汇票市场。随着经济及商业信用的发展，日本政府于1987年11月推出融资性商业票据在市场上筹措资金。与此同时，银行承兑汇票因管理成本高、税费制度等问题，规模连年下降，这一传统融资工具到1989年已被融资性商业票据取代，后者因其便利性、低成本成为市场主导。

（三）我国台湾地区票据市场发展进程简介

自20世纪70年代开始，台湾地区通过建立票券市场为主体的若干货币子市场，先后创设了银行承兑汇票、可转让定期存单和商业本票。其中商业本票在台湾票据市场占据绝对的引领地位，占比已近90%。而银行承兑汇票主要由工商企业或政府公共事业单位签发，主要用于国际贸易融资，体量甚小。台湾地区于2004年开始设立台湾集中保管结算所（TDCC）作为票据市场基础设施，对全部交易实现电子化。目前，资产支持商业本票（ABCP）、可转让定期存单、融资性商业票据均在该场所进行电子化登记发行。

三、我国台湾地区票据市场和祖国大陆票据市场差异分析

通过上述票据市场发展的简介，我们可以发现其票据业务发展大背景基本起源于国际贸易业务，伴随着商业信用的发展、法规制度及顶层设计的推进，商业汇票均被便利的直接融资工具如商业票据所替代。目前西方国家银行承兑汇票业务占整个业务规模很小，如美国、日本等发达国家传统的基于银行增信的银行承兑汇票已基本完成自己的使命而退出历史舞台。

台湾地区的票据市场发展对祖国大陆有着更好的借鉴作用，以下着重从市场结构、立法价值取向、品种特征、制度安排等方面就海峡两岸票据市场进行比对分析。

表1 祖国大陆和台湾地区票据市场的主要区别

	祖国大陆票据市场	台湾地区票据市场
立法价值取向	由于改革开放较晚，立法设计主要关注现金管理及解决企业“三角债”问题，极大地限制了票据信用和融资功能，强化支付与汇兑功能。根据《票据法》规定，票据的签发、取得和转让必须具有真实的交易关系的债权债务关系，即必须符合真实贸易背景，在金融实践中，票据一般认为无真实交易背景的银行承兑汇票是“融资性票据”，而具有真实贸易背景的银行承兑汇票是“贸易性票据”。	立法起草当时借鉴欧、美等国的票据法律制度，并按国际惯例，兼顾工商社会的需要，因此立法制度体现票据不仅具有支付、汇兑功能，在现代经济发展中更重要的是承担了融资功能。
市场结构	市场上可交易的基本为商业汇票，具体分为银行承兑汇票和商业承兑汇票，其中银行承兑汇票占比超过90%。	市场上基本以商业本票为主，银行承兑汇票余额占比已不足0.5%。
品种特征	商业汇票的开立、取得和背书转让都需要有真实的交易关系和债权债务关系。	发行背景要求简单，面向普通大众发行，属于有价证券。
制度安排	商业汇票贴现、转贴现均属于银行信贷业务，纳入信贷规模进行管理。	票券金融公司以承销人、签证人和保证人的身份协助企业发行票券。
票据行为	包含出票、背书、承兑、保证、付款等，本票和支票不适用承兑规定，支票不适用保证规定。	包含出票、背书、承兑、参加承兑、保证、付款、参加付款和“票据隐存保证行为”。
市场基础设施商及自律组织	大陆票据市场唯一基础设施是上海票据交易所，提供票据报价交易、登记托管、清算结算、信息服务等功能，承担中央银行货币政策再贴现操作等政策职能，是我国票据领域的登记托管中心、业务交易中心、创新发展中心、风险防控中心、数据信息中心。目前除了银行业协会，尚未成立专门票据业务的自律组织。	台湾地区票券市场属于场外市场，交易主要通过电话、临柜和网银的方式达成，而交易的登记、清算、结算通过统一的基础设施——台湾集中保管结算所（TDCC)进行。此外台湾金融商业同业公会负责票券行业自律事务。
市场参与者	票据市场参与者目前已拓展至银行类金融机构、非银金融机构和非法人类产品，但非银金融机构的市场参与资格还需机构监管部门进一步明确。	票券主要面向不特定大众公开发行，企业、居民、金融机构、政府单位均可参与市场交易。

资料来源：根据公开资料整理。

通过上述比对分析我们发现，台湾地区票据市场以融资功能为主，大陆票据市场制度安排强调支付结算功能，融资功能受到一定限制。因此，在现有《票据法》票据融资性属性尚难修改的情况下，票据市场如何走出一条中国特色的发展道路是我们当前需要解决的问题。

四、供应链票据标准化产品推出市场背景分析

截至2020年第一季度末，应收票据和应收账款规模以上企业总额合计超14万亿元，同比增长7.3%，这一数据已重回历史高位水平。过高的应收账款容易造成企业资金紧张，对正常的生产经营造成负面影响，大量的应收账款易堆积形成“多角债”问题危害实体经济，一旦出现信用风险易于交叉影响，引发大规模的债务违约，甚至对全社会的信用链条造成冲击，不利于宏观经济的平稳运行。相对而言，小微企业被拖欠账款在应收款账中占比极高，同时小微企业在我国经济运行中带来一半以上的税收、产生六成以上的国民生产总值、提供八成以上的就业岗位。但我国传统的银行表内贷款为了更好地把控风险，对小微企业更多的是采取抵押或者质押的传统信贷模式，而小微企业存在规模小、轻资产等天然缺陷，资本市场和公开市场的融资难度更甚于银行贷款，故导致小微企业融资难、融资贵。因此，大部分小微企业只能通过内部利润留存“自我造血”或者外部非银机构高成本的渠道以获得融资，2020年以来受制于新冠肺炎疫情影响，其生存处境越发艰难。

根据Wind数据分析，过去10年上市企业应付票据占应付账款比率一直维持在10%左右。人民银行货币政策执行报告显示，中小微企业签发商业汇票占比超过六成，可达到71.1%。不管是资金供应端，还是需求端，都有通过便利快捷的票据融资来解决中小微企业融资难矛盾的原动力，而市场上的票据融资业务又基本上通过票据贴现、票据资产证券化产品实现，这两类票据融资方式都存在一定的局限性，不易为小微企业采用，具体体现在如下几个方面。

首先，对于传统贴现产品而言，产业链上的小微企业普遍规模小、利润少、轻资产、抗风险能力差，即使持有核心企业开立的商票，仍可能因自身资质太差，无法达到银行贴现授信要求，因而只能寻求不具备贴现业务资格的民间中介贴现，不仅不合法，而且成本高、风险高。

其次，就票据资产证券化（票据ABS）而言，在其利率与信贷产品没有明显优势后，标准化产品的发行价格、募资效率，都远远不及传统业务市场，票据ABS很多时候演变成了体现银行产品能力的装饰品。此外，在交易所发行ABS要求底层资产不能为信贷资产，因此，在产品成立前，票据不得由银行持有，需要垫资，在业务操作上相当不便。

最后，由于券商自营及资管在开通票据权限方面尚有困难，故票据作为底层资产时，专项计划无法正常参与背书转让。在过往的法律纠纷中，票据关系、合同关系在出现票据拒付时获得司法救济的顺序尚存争议。因此，票据ABS严格意义上存在着一定的结构瑕疵，难以推广复制。

各国票据市场都经历了从银行信用向供应链核心企业信用，再向小微企业信用分阶段过渡的历史阶段。目前，西方国家金融机构多依托核心企业延伸对上下游中小微企业的融资支持，即借助供应链延伸出的贸易纽带，通过可确认的贸易订单、服务商品所对应的应收账款直接进行融资，省略了商业汇票、信用证等中间金融产品。因此笔者认为，结合我国当前国情来看，我国市场经济条件还没有发展到欧美发达国家以中小企业信用为基础的阶段，我们尚缺少良好的商业信用体系这一先决条件。目前，我国需要首先跨入以核心企业信用为信用基础的阶段，票据市场未来定位目标即中国特色标准化短期债务融资工具市场。由此，供应链票据标准化产品应运而生。核心企业开立供应链票据即其基础资产，信用主体依托供应链上核心企业的高评级，直接对上下游企业提供低成本融资。由于上下游企业之间长期建立的合作关系，其经营模式、财务状况彼此间相对清楚，在一定程度上从内部化解了信息不对称的问题。这也使供应链票据由供应链核心企业承兑后直接承担了信用支付的职能，等同于为上下游的中小微企业创造一个融资渠道。在此基础上，供应链票据标准化融资产品不仅可以在一定程度上缓解票据在法律上缺少融资性功能支持的尴尬，还能依托核心企业信用保障、真实贸易背景以及票据关系的连带性降低后端标准化票据的信用风险。而且后端标准化票据将有机会对接更加活跃和有深度的资金市场，并反过来推动前端供应链票据的生成及流转，这一互惠互利机制将开启一个与现有银行间市场、交易所发债市场并举的万亿级新兴市场。

五、供应链票据标准化融资模式研究分析

根据“信银TCLSDN001”发行情况，其业务发展模式如图1所示。

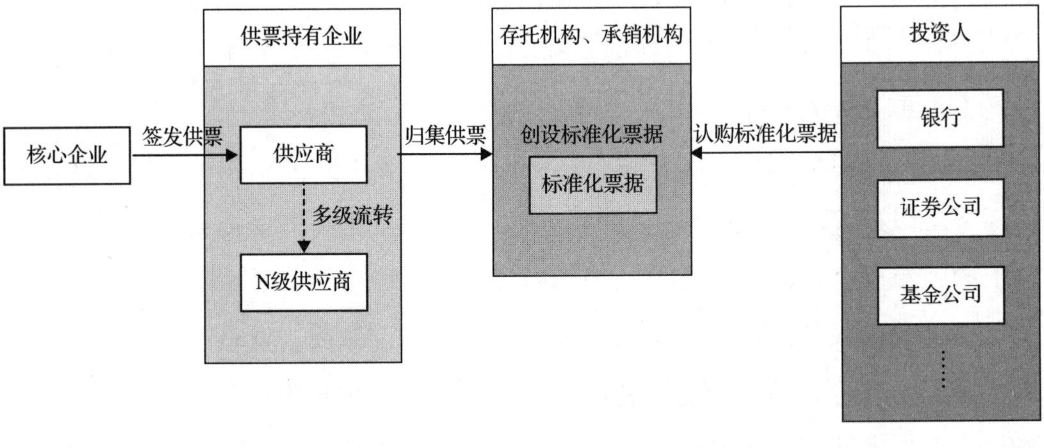

图1 供应链票据标准化融资产品模式

依据《标准化票据管理办法》中“核心信用要素相似、期限相近”的要求，借鉴与供应链票据标准化产品发行相类似的供应链ABS，其基础资产归集方式主要有1–N和N–N两种。

1–N即出票人为某一家核心企业，持票人对应了产业链上多家上下游企业，如“信银TCLSDN001”总金额仅2000余万元，但有4个原始持票人，进一步佐证了其服务小微企业的功能。

N-N则表示出票人为多家核心企业，持票人也为多个，该模式对基础资产归集能力要求相对较高，在原始持票人之间的不同诉求与发行效率之间的协调是最大考验，建议引入供应链金融科技平台作为资产服务机构，这既解决了资产难归集的问题，又能更好地把控基础资产的实质风险。

通过对具体产品的分析，笔者认为其未来业务发展模式主要有以下两个方向：

1. 优质主体信用可以分享传导到子公司，形成“1个优质信用主体、N个子公司、N个持票人”的“1-N-N”衍生模式。如市场上中铁、中建等集团总部在市场上广受投资者青睐，但其子公司受制于本身实力及外部市场环境因素，其作为信用主体的供应链票据在市场上流通性较弱，利率也较高，为此可以借鉴首批标准化票据产品中的苏银中车、中国中车这两款产品，引入集团总部作为票据承兑保证人，通过增信效果享受核心、高资质信用主体低成本利率，标准化后再将交易机制进一步优化，打通整个金融市场，以便在市场上获得更低成本的资金，进一步降低小微企业融资成本。

2. 信用等级下沉，为中型核心企业上下游产业链敞开融资通道。从首批标准化票据的发行信用主体情况来看，浦票盈SDN001产品基础资产信用主体甚至没有评级，浙商新凤鸣SDN001、浙商物产金属SDN001这两款产品其信用主体为AA级。伴随着接入供应链票据平台的不断增多，产业链上的中型核心企业这一块市场也将开启，特别是中型核心企业开立的供应链票据，即使主体未在公开市场发债的情况下，也可作为基础资产发行标准化票据，能很好地满足其上下游产业链上小微企业差异化、零碎支付的需求，进一步提升票据的支付效率和融资功能属性，进而能够切实解决中型民营企业融资需求，缓解产业链下游中小微持票人资金不足的困境。

横向对比同类型产品，我们不难发现供应链票据标准化业务具有以下三个方面的优点：

第一，从整个业务模式看，其产品权属明确、交易链条清晰、电子化程度较高、回款封闭，具有显著优势。

第二，从监管和风控角度看，如何杜绝资金空转与监管套利是监管机构一直以来的落脚点，而供应链票据标准化业务可以实现逐笔远程监控，能够很好地解决这一问题，整个流程清晰透明，易于监管，风险更为可控。

第三，从发行流程看，标准化票据发行采用事后备案制，时间短，无须监管部门事前审批，与其他类型产品相比，标准化票据发行流程更为简洁，省去了募集计划、法律意见等基础文件，故与其他方式相比，标准化票据的发行时间从一个月以上缩短到一周甚至三天，具有更高的发行效率。

六、我国供应链票据标准化产品未来展望及建议

2020年以来，受全球新冠肺炎疫情影响，经济下行承压，市场信用风险陡增，小微企业在经营发展中频遇“多角债”等拖欠账款行为，让本已岌岌可危的小微企业更是雪上加霜。“供应链票据+票据标准化”的组合，首先契合国家金融顶层设计和纲要方针，其次满足直接服务实体经济的政策指引，最后又能够为中小型企业提供相对低廉的融资成本。展望其前景，我们认为有以下几个方面值得关注。

（一）打通供应链企业，通过标准化票据直接向市场融资的渠道

供应链票据的标准化票据融资渠道涉及经纪机构、存托机构、承销机构等多个主体，从实体企业到银行券商，从票源归集到筛选打包，从信用评级到定价发行，其过程需要参与各方跨领域紧密协作。商业银行也应从传统的经营模式中转换思路，借鉴投行思维，整合企业客户票据资源。

（二）细化供应链核心企业信用评级标准，搭建票据信用评价体系

供应链票据标准化融资产品定价主要参考底层基础资产票据的信用评级。

目前，国内尚未建立对票据信用的评级评价标准。未来，我国还需构建起符合票据市场特点的信用评价体系，为供应链票据标准化融资模式的顺利开展保驾护航。

第一，搭建信息披露平台，共享披露海量数据。从票据产品信用评级的数据来源上看，目前票交所应作为票据市场基础设施，掌握全市场票据报价交易、登记托管、清算结算等信息，作为信息枢纽进一步整合承兑人、企业财务信息，实现票据信息、承兑人工商税务等外部信息来源的互联互通，为信用评级体系的构建提供信息保障。

第二，引入新兴科技水平的专业评级机构，通过新技术、新方法，为票据信用评级注入新动力。票据信用评级不同于债券评级，面临票据数量多、承兑主体多、票据期限短的障碍，通过传统的评级方式无法有效满足需求。随着人工智能、大数据分析等新技术的迅速发展，建议在票据市场引入带有新科技基因的专业评级机构，建立信用评级模型时需要与金融科技有机地结合在一起，为票据市场参与主体提供更为先进、便捷、高效、低成本的评级服务。

第三，建立失信惩戒制度，提升违约成本。人民银行可将票据信用信息融入现有的征信信息查询平台：对诚实守信、兑付良好的票据承兑人而言，其承兑开立的票据将被给予高等级信用评级，且列入白名单中向全市场公布，提升其商业信用价值；对恶意拒付或有其他票据违规行为的承兑债务人给予低信用评级，且列入黑名单向全市场公布；对多次恶意拒付的票据承兑人，人民银行或票交所将限制其开票和承兑的权利，限制禁入票据市场一定时间，起到震慑作用。

（三）进一步连通债券与票据市场，打通国内外产品投资者界限

我国的票据市场特质既有别于欧美的融资性票据，也不同于日本的商业票据流转，我国的票据标准化之路可谓是另辟蹊径的制度创新。从全国金融工作会议上提出的推进我国金融基础设施互联互通的战略部署来看，银行间债券市

场和交易所债券市场已在人民银行、证监会的要求下在登记、托管、结算等方面进一步串联。

目前，我国票据市场与债券市场尚处于分隔的状态，机构资金的流转还未实现互通，从标准化票据的业务实质上看，其类债券的属性和是否属于市场认可的“标准化资产”还有待监管的进一步确认。我们能够预见的是，打造同时连通国内外投资者的标准化票据产品能够很好地服务金融市场的联动，促进交易要素自由流动，带来充分合理竞争，打造更具深度的市场，消弭市场分隔带来的资金价格差异，使实体企业融资产品定价更为合理。同时，国内外债券与票据市场参与者在产品投资界限的安排上还需进一步优化，为标准化票据产品腾出发展空间。

参考文献

[1] 刘东鑫．美国商业票据市场的发展特点及启示 [J]. 中国货币市场，2010(10)：46–49.

[2] 晏露蓉，黄宁．台湾地区票券市场发展经验与启示 [J]. 征信，2014(6)：1–6.

[3] 宣晓影．日本供应链金融及其启示 [J]. 银行家，2015(10)：97–99.

[4] 徐志宏．他山之石——发达国家银行承兑汇票市场发展对我国的借鉴意义 [J]. 银行家，2004(1)：40–41.

国际经验

关于全球性稳定币的影响调查报告
——七国集团稳定币工作组报告

上海票据交易所　摘译

编者按：稳定币（Stablecoin）是当前试图克服现有支付体系弊端的举措之一，与传统加密货币相比，其更可能被用作支付和价值存储工具，但目前还未经实践测试。七国集团稳定币工作组在报告中一定程度上肯定了全球性稳定币的存在价值，讨论了与全球性稳定币相关的公共政策和监管风险，并总结了适用于全球性稳定币的法律和监管框架。现将报告主要内容摘译如下，供参考。

第一波加密货币的发展并未给社会提供可靠和有吸引力的支付与价值存储方式。它们面临的众多挑战包括剧烈的价格波动、有限的扩展性、复杂的用户界面、监管困难等。稳定币的兴起可能会解决这些问题，从而提供更便捷、更廉价和更具包容性的全球支付体系。但稳定币产业的发展也会给公共政策、行业监管、反洗钱、反恐怖主义融资甚至全球金融稳定和货币体系等方面带来重重挑战与风险。因此，七国集团认为在没有通过适当监管有效防范上述风险与挑战前，不应启动全球范围的稳定币项目。

一、稳定币介绍

稳定币具有传统加密资产的许多特征，但与之不同的是，稳定币试图通过将其价值与某个资产或资产池价值联系起来以稳定币值。稳定币生态系统通常具有三部分核心功能：一是稳定币的发行、赎回和价值稳定；二是在用户之间的转移、流通；三是用户交互（用户界面）。发行与价格稳定通常需要一个中央治理实体来管理稳定机制，用户之间的转移通常由分布式账本技术（DLT）协议控制。

稳定币的价值通常与某个资产或资产组合有关。由于汇率政策（固定汇率或浮动汇率）、用户如何索偿、由提供商提供的赎回保证、使用的资产类型等方面差异，稳定币至少存在三种模式。第一种稳定币的发行面值以常用的记账单位表示。用户有权直接向发行人或标的资产索偿，提供商承诺以购买稳定币所用的货币平价兑换稳定币。此模式中的资产通常具有流动性。第二种稳定币不以特定面值发行，但是与其资产组合的一定份额挂钩，与交易型开放式指数证券投入基金（ETF）类似。第三种稳定币背后没有对应的资产抵押，该模式由对发行人的索偿权支持，币值依赖公众对发行机构的信任（以及对相关监管机构的信任）。

目前，跨境支付仍发展缓慢，尤其是在汇款等零售支付领域。而稳定币的诞生，可能提高金融服务的可获得性并改善跨境零售支付。原则上，零售稳定币可应用于多种支付方式，也可作为通往其他金融服务的门户。在这种情况下，稳定币可复制交易账户的角色，为发展普惠金融奠定了基础。

二、稳定币可能给公共政策和监管带来的挑战与风险

从公共政策、监督和管理角度来看，稳定币会带来一系列潜在挑战与风险，包括法律确定性，健全的治理体系，金融诚信，支付系统的安全、效率与完整性，网络与其他运营风险，市场诚信，数据保护，消费者和投资者保护，税收合规等。现有监管框架可规避部分风险，但仍存在一定监管空白。

（一）法律确定性

如果币值稳定依赖市场机制，那么必须明确做市商的法律义务，以保持市场充分的流动性。目前，是否将稳定币定义为一种货币等价物、是否将其归为合同债券或财产索偿权，以及其是否拥有对发行人或相关标的资产的权利等问题尚待确认。例如，在某些司法辖区，稳定币可能是一种证券或金融工具，因此这类稳定币应适用证券或金融工具的相关法律。

在跨司法辖区的情况下，还可能出现一些特定问题，需明确适用于稳定币总体设计中各个要素的相应司法辖区法律，以及可解决争端的辖区法院。鉴于不同司法辖区的不同处理，有可能发生法律冲突。在某些辖区，相应金融部门法律的出台可能滞后于稳定币相关新商业模式与市场活动的发展。

（二）健全的治理体系

稳定币须拥有完善的治理体系，并将其告知所有生态系统参与者。在稳定币系统中使用DLT时，需仔细确认DLT系统责任、义务及恢复过程。在无许可的DLT系统中，要建立健全的治理可能更具挑战性。一方面，缺乏责任主体的去中心化系统可能无法满足监管要求；另一方面，一个高度复杂的治理结构会妨碍有关稳定币设计与技术演进的决策，或减缓对运营问题的响应。另外，如果储备资产没有与稳定币发行人的权益区分开，则发行人可能滥用投资政策来私有化资产收益，从而使资产损失转移、分散至代币持有者。

（三）金融诚信

如缺乏有效监管，包括稳定币在内的加密资产会带来重大金融诚信风险，并可能为洗钱、恐怖主义融资和其他非法融资活动创造新的机会。为降低这些风险，稳定币提供商与其生态系统中相关实体都应遵守反洗钱、反恐怖主义融资和反超大规模破坏性武器扩散融资方面的最高国际标准。

（四）支付系统的安全、效率与完整性

支付系统的设计与操作不当可能导致系统性风险，且系统中断会对实体经济产生负面影响。如管理不当，支付系统的问题会导致甚至加剧流动性错配、信贷损失等财务冲击，更大范围地影响金融系统的稳定。因此，稳定币生态系统应达到与传统支付系统、支付方案和支付服务提供商相同的标准和要求。

（五）网络与其他运营风险

公共部门要求通过使用适当系统、政策、流程来控制和降低稳定币带来的运营与网络风险。对于消费者而言，一些加密资产钱包和交易平台容易受到欺诈、盗窃或其他网络事件的影响。同时，分布式账本系统结构也可能受到损害，进而破坏系统。此外，新技术可能会受制于尚未识别的操作风险。

（六）市场诚信

在某些稳定币设计中，代理商（如指定做市商）可能具有主导稳定币定价的能力，并有可能滥用市场。目前还不清楚稳定币价格如何确定，而币值在很大程度上取决于其具体模式。在二级市场上，币值稳定性取决于市场参与者对发行人的信任及其本身的交换意愿。随着时间的推移，发行人可能会改变资产组合，因此与其资产组合挂钩的稳定币可能会出现其他风险。

稳定币生态系统中的企业可能面临利益冲突。它们可能披露有关活动的虚假信息，如客户数量和交易量。另外，稳定币发行人可能会在关键职能上误导客户，如他们管理抵押资产的方式。这些不实信息可能导致定价错误和市场功能失调。由于单一实体可在生态系统中扮演多种角色，如做市商、交易平台和托管钱包，因此该实体的失当行为所导致的风险和影响可能被放大。

（七）数据保护

随着越来越多的数据被收集并用于提供金融服务与人工智能技术的发展，数据保护和隐私问题将变得越来越重要。由于不同司法辖区在法律法规、数据保护和隐私文化方面的差异，数据政策难以跨境协调。一方面，稳定币用户可能没有掌握关于参与者该如何使用个人数据，以及如何在参与者之间或第三方之间共享这些数据的明确规定。另一方面，稳定币运营商在收集不同类别的数据，以及进一步处理用户个人数据时可能引起额外的隐私问题。此外，行使某些消费者权利也可能造成一些数据保护问题。

（八）消费者和投资者保护

鉴于稳定币系统的复杂性和创新性，用户（尤其是零售用户）可能无法完全理解相关风险。因此，可能需将所有重大风险及个人义务告知消费者与投资者。如果稳定币被视为一种证券或金融工具，则要遵守相关的证券法。若没有说明发行人、运营商及其风险的招股说明书或类似披露文件，发行人则无法发行并交易该稳定币。同样，参与稳定币清算和结算的各主体也必须遵守清算机构的监管要求。另外，如果从稳定币账户进行未经授权的支付，则应明确持有人拥有何种权利要求退款，并明确说明如何获得退款。误导性营销和不当销售行为可能加剧信息不对称，并引起消费者担忧。

（九）税收合规

与其他加密资产一样，稳定币可能给税务机关带来两种挑战。其一，稳定币法律地位尚不明确，因此使用稳定币进行交易的税收处理尚不确定。此外，跨辖区的不同税收处理也使稳定币的税收处理更加复杂。其二，稳定币还可能加剧逃税问题。由于DLT系统中缺乏中心化机构，导致难以监管稳定币运营商。同时，稳定币的匿名性使政府难以追踪交易、稳定币受益人和逃税行为。

三、全球性稳定币（GSCs）带来的公共政策挑战

一些稳定币由大型科技公司或金融企业资助，凭借其现有的庞大客户群，这些稳定币有可能迅速扩张至全球范围，因此被称为全球性稳定币。随着稳定币扩展到全球规模，其风险将会被放大。由于可被大规模和大范围应用，GSCs还可能带来额外的公共政策挑战，包括对竞争政策、金融稳定、货币政策传导以及国际货币体系的长期影响等。

（一）金融市场的公平竞争

GSCs的应用会削弱金融市场的公平竞争。由于GSCs的发行者一般为大型科技公司，网络效应将导致更高的市场集中度，削弱金融市场竞争。同时，稳定币的闭环体系可能会抬高市场准入门槛，从而影响市场竞争和公平竞争。

（二）金融稳定

1. GSCs自身的脆弱性。GSCs在很大程度上依赖运营者信誉，一旦出现风险事件，做市商是否有能力稳定币值尚不可知，而抵押资产储备不透明、相关权利义务界定不清、储备资产未独立托管等可能引起挤兑。此外，含有银行存款这类参考资产的GSCs可能暴露于银行的信用风险和流动性风险中，而含有债券等广泛资产的GSCs可能面临这些资产的市场风险和流动性风险以及发行人的信用风险。由市场整体状况或资产基本面值的特殊变化触发的储备资产价值下降，可能降低GSCs的价值。

2. 稳定币系统整体的脆弱性。将稳定币生态系统作为一个整体，针对其组成部分的治理和彼此关系可能十分复杂。如果不同组成部分的义务和责任不明确，就会增加系统脆弱性。在中断任何单个组成部分后，其他组成部分之间可能出现不可预知的交互。这种复杂性使端点间的风险管理变得困难，从而扰乱整个系统的风险承受能力。此外，不同组成部分之间吸收损失的位置，以及损

失吸收能力的可转移性也并不明确，因而在危机情况下可能遇到法律或运营上的问题。

3. 对金融体系的影响。全球性稳定币可能通过几种渠道放大金融体系的弱点。首先，如果用户在存款账户永久持有GSCs，银行的零售存款可能下降，从而增加银行对高成本与高风险融资的依赖。其次，当市场对一个或多个银行丧失信心时，交易便捷的GSCs可能加剧银行挤兑。根据银行存款准备金的去向和方式，一些银行可能重构其资金配置。最后，如果GSCs生态系统中新金融中介占比很大，则会进一步降低银行盈利能力，导致银行向实体经济贷款时承担更多风险或减少向实体经济的贷款。

4. 向实体经济转移风险。如果GSCs用于支付，一旦出现系统中断，会导致市场金融波动并影响实体经济活动。如果GSCs用作价值贮藏，币值下滑将引起持有人财富缩水，同时，银行与相关金融机构如持有稳定币也会遭受损失，由于没有存款保险保障和最后贷款人机制，在发生挤兑的情况下这些金融机构损失更大。另外，GSCs储备资产规模较大，在极端情况下，如果发行机构为应对赎回请求，不得不甩卖资产，将引起金融市场价格大幅波动，也会导致托管银行出险。在市场承压时，如果稳定币成为法定货币的替代，将冲击国家货币主权。

（三）货币政策传导

1. 货币政策对国内利率和信贷条件的影响。GSCs一旦推出，也会对货币政策传导产生影响。首先，如果GSCs作为价值贮藏工具而被广泛使用，居民及企业将持有用稳定币标价的资产，而国内货币政策对这部分资产的收益率影响有限，货币政策的传导效果将被削弱。如果GSCs支付利息，那么利率是由篮子货币所决定的，利率则应是篮子货币利率加权平均，这将进一步削弱本国货币政策传导，且对本币不在篮子货币中的经济体影响更大。

其次，在弱势货币国家，GSCs将在更大范围内成为支付和价值贮藏工具，即使不支付利息，也将严重影响货币政策传导和铸币税收入。这与美元化还不一样，在全球性稳定币化情况下，无法通过双边磋商来解决，使问题进一步复杂化。

最后，如果GSCs和本币自由转换，稳定币利率将影响本国国内存贷款利率的确定，进一步削弱货币政策传导的有效性。此外，如果持有人在类存款账户中长期存放稳定币，银行端零售存款规模将减少，导致银行对批发性融资的依赖性增强，而相比零售存款，批发性融资对利率更加敏感。因此，当银行存款来源稳定性下降时，就会引发银行惜贷，加剧融资难和融资贵。

2.国际资本流动与货币政策的跨境传导。首先，如果稳定币作为价值尺度进入信贷市场，代替本币进行借贷，则会实现稳定币的货币创造，利率也将以稳定币进行标价，从而造成国内货币政策的调控能力下降，进一步削弱货币政策传导效果。其次，如果稳定币作为国际资产储备，则会提升全球对稳定币篮子货币资产的需求，引起非储备篮子货币的国家资本外流，抬高这些国家的市场利率，而压低篮子货币国家利率水平，造成优质资产荒，影响各国公开市场操作。

四、适用于GSCs的法律、管理和监督框架

公共部门必须在各个机构、部门和辖区之间进行协调，以支持支付手段（特别是跨境零售支付方面）的创新，同时确保在全球范围内降低稳定币风险。为此，一些国际组织和标准制定机构已经出台指导意见、原则和监管标准。

首先，巴塞尔银行监管委员会关于加密资产的工作包括：制定关于银行加密资产风险暴露和服务的高监管标准、存续中的银行加密资产风险暴露衡量标准、关于银行加密资产风险暴露审慎管理的规范等。其次，国际证监会组织（IOSCO）主要对哪项监管原则和标准可能适用于稳定币提出建议，以及

对特定GSCs进行评价，具体包括对货币市场基金的政策建议，对交易型开放式指数基金、客户资产保护、加密资产交易平台的监管考虑等。同时，支付与市场基础设施委员会（CPMI）正在考虑如何将私人数字代币设计应用于批发交易结算。

国际金融动态

上海票据交易所　编译

ICMA：《欧洲回购市场调查》

2019年底，欧洲回购市场余额达到创纪录的8.31万亿欧元，同比增长5.9%。其中，52.5%为直接双边回购，28.9%在自动回购交易系统成交，8.7%为三方回购，9.9%通过声讯经纪商完成。交易量方面，2019年7—12月日平均交易量为1.78万亿欧元。主协议方面，欧洲市场参与者主要使用ICMA发布的《全球回购主协议》（GMRA）。期限方面，1个月以下回购协议达50%以上，其次为1个月以上3个月以下（13.3%）。

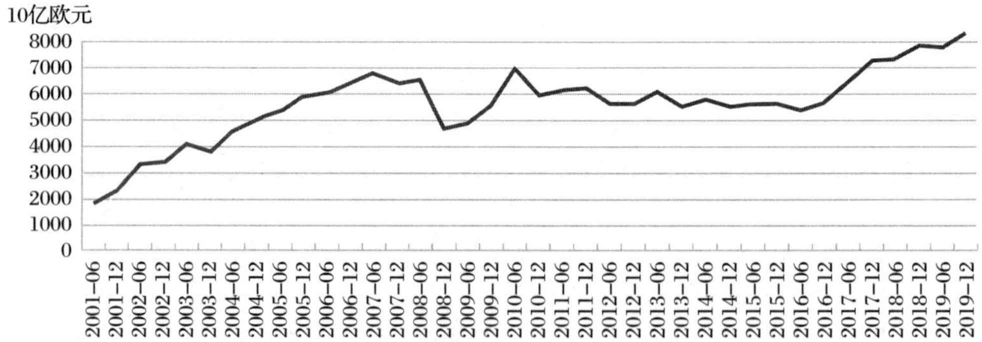

图1　2001—2019年欧洲回购市场余额

资料来源：*European Repo Market Survey*，www.icmagroup.org。

AFME：2020年第二季度欧洲证券化产品发行数据

2020年第二季度，欧洲证券化产品发行量为499亿欧元，较上季度增长65.8%，但较上年同期减少17.8%。其中，132亿欧元为售出产品（非发行机构自留），仅占总量的26.5%，而第一季度售出71.1%，上年同期售出45.6%。泛欧CLO售出量最高（45亿欧元），其次是德国车贷ABS（14亿欧元）、西班牙车贷ABS（11亿欧元）。

资料来源：*AFME Securitisation: Q2 2020*，www.afme.eu。

ICMA：2020年上半年亚洲G3债市场情况

2020年上半年，全球债券市场异常活跃，总发行量达4.5万亿美元，有望成为创纪录的一年。政府、企业和金融机构都在大幅使用贷款额度，并通过债券市场增加现金头寸。在日本以外的亚洲地区，G3债（以美元、欧元、日元计价的债券）发行势头在年初非常强劲，但随着疫情快速发展，市场担忧骤增，导致市场在整个3月实际上呈关闭状态，从第二季度起市场逐步开放，且没有减弱迹象。尽管3月发行量降至2015年8月以来的最低水平，但本地区上半年总发行量仍达到1730亿美元，同比仅下降8%。其中，北亚地区发行1250亿美元，同比减少16%；南亚地区发行92亿美元，同比减少47%；东盟国家发行390亿美元，同比增长73%，油气行业特别活跃。

资料来源：*Asia ex Japan G3 Bond Markets: 2020 so far*, www.icmagroup.org。

DTCC：美国货币市场动态

美国货币市场主要产品商业票据（CP）和存单（CD）的流动性2020年以来急剧下降。10月以来，固定利率商业票据结算量为5560亿美元，达到前12月平均值的32.7%；浮动利率商业票据结算量为54亿美元，为前12月平均值的22.5%；固定利率存单结算量为450亿美元，为前12月平均值的26.3%；浮动利率存单结算量为140亿美元，为前12月平均值的33.3%。

资料来源：*How is Market Volatility Impacting Money Market Securities*，www.dtcc.com。

ICMA：可持续金融市场发展近况

可持续金融市场发行规模持续增长，截至2020年9月末，绿色、社会和可持续发展债券发行总额达3151.5亿美元，已非常接近2019年全年发行总额（3213.2亿美元），其中绿色债券发行1762.3亿美元，社会和可持续发展债券发行近1400亿美元。仅看第三季度，可持续债券市场发行总额为1091.5亿美元，同比增长60%，其中绿色债券发行635.6亿美元，同比增长10%。社会和可持续发展债券的强劲增长仍在继续，疫情使为解决破坏性社会经济后果的资金需求增加。此外，在6月ICMA发布《可持续发展挂钩债券原则》（*Sustainability-Linked Bond Principles*）之后，第三季度市场上出现了首批可持续发展挂钩债券，即结构特征（如利率）会根据发行人是否达成预设可持续发展目标而改变的债券。

资料来源：*Sustainable Finance*，www.icmagroup.org。

OECD：全球中小企业发展近况

OECD联合世界银行、Facebook从2020年5月起逐月对30多个国家和地区的中小企业经营情况开展调查，报告目前更新至7月。调查显示，随着许多国家和地区放宽疫情封锁限制，中小型企业持续恢复经营。2020年7月，中小企业停业率为16%，较6月的18%略有下降，财务压力是停业的首要原因，而开业的企业仍要面临生产、信心和需求俱降的挑战。与上年同期相比，58%的中小企业销售额下降，其中一半以上降幅超过50%。33%的中小企业减少了员工数量。疫情的经济影响在短期内不会减弱，而且由于许多中小企业缺乏应急财务资源，短期冲击可能会衍生出长期影响。超过40%的中小企业通过数字化渠道实现了四分之一以上的销售额，25%的停业企业表示正在做线上业务准备。

资料来源：*Asian SMEs During COVID-19 and the Role of Supply Chain Finance*，www.oecd.org。

OECD：全球金融中介结构变化
——债务和非银行信用中介活动的增加

2008年国际金融危机以来，各国的对冲政策造成主权债、企业债高企而且仍在增长，同时信用风险定价降到历史低点。全球主权债和公司债水平已达到GDP的92%和84%，远高于危机前水平。主要金融市场公司债利差大幅缩小，带来巨大的债券发行量和债务量。另一个值得注意的现象是全球信用中介活动从银行向非银行的转移，如转向投资基金和企业资产证券化，欧元区和部分新兴市场投资基金的急剧增加促成了这种结构变化。虽然开放式基金在正常市场条件下有助于促进市场流动性，但持有较少流动性资产的基金很容易受到投资者大量赎回的影响，2020年第一季度在投资者风险厌恶情绪激增的情况下就出现了这一问题。

资料来源：*Structural Developments in Global Financial Intermediation: The Rise of Debt and Non-bank Credit Intermediation*，www.oecd.org。

ICMA：危机中的货币政策和金融市场

与以往由债务违约引起的危机不同，当前危机对需求和供给造成了深远影响，伴随着对资本市场的冲击。多国央行已采取降低利率和扩大资产负债表的政策措施，2020年全球央行资产购买已增加约10万亿美元。美联储资产负债表从2020年初的4.2万亿美元增至6月中旬的7.1万亿美元，购买美国国债、抵押贷款证券（MBS）并直接给予市场主体贷款。日本央行资产负债表已接近日本GDP的110%。欧洲央行资产负债表从上年底的4.7万亿欧元增至6月底的5.6万亿欧元。强有力的货币政策使流动性和货币状况指标从3月中旬起出现改善趋势，在财政政策的共同作用下，债券和股票市场表现也从3月开始反弹。资管行业同样面临挑战，市场波动性加剧导致低流动性证券的估值难度增加，共同基金兑付出现问题。但与2008年不同，2020年资管行业被迫抛售的资产有限。

资料来源：*The Economic Impact of COVID-19 and Implications for Capital Markets*，www.icmagroup.org。

ICMA发布可持续金融相关定义

2020年5月，ICMA在当前市场实践情况和现有术语基础上提出发布了可持续金融的相关定义，涵盖可持续金融领域最常见的一系列概念，如气候金融、影响力金融（impact finance）、绿色金融和社会金融等。ICMA的目标是减少争议，确保所有可持续金融参与者和利益相关方都有共识的、透明的定义可供参考。

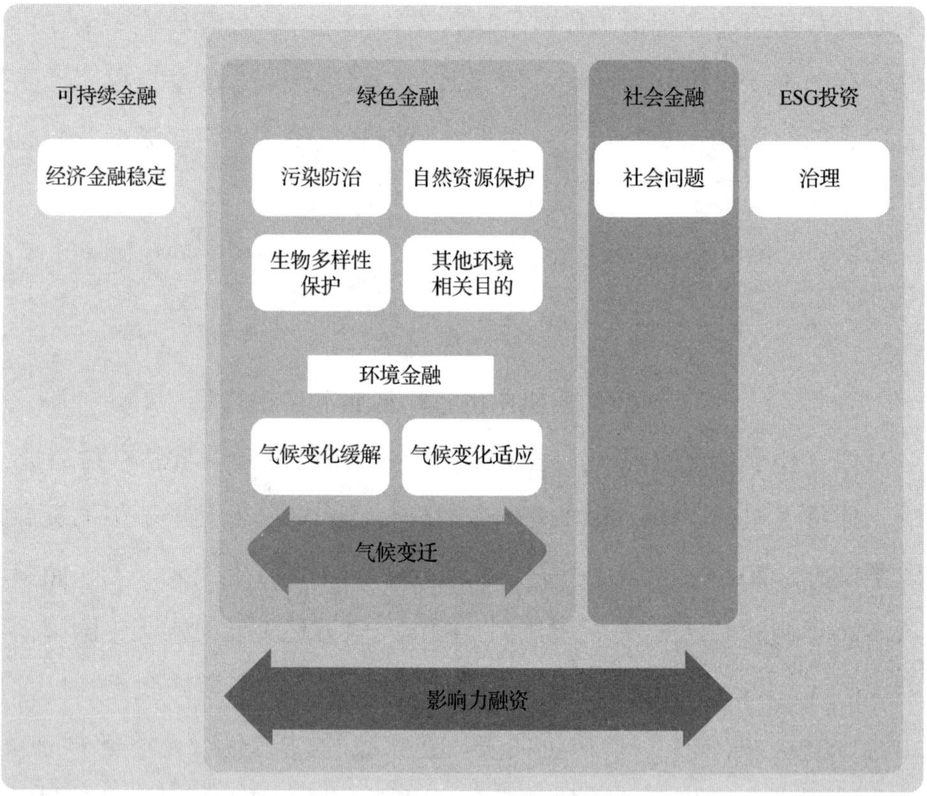

图2 可持续金融相关定义的包含关系

资料来源：*Sustainable Finance High-level Definitions*，www.icmagroup.org。

BCR咨询：保理和供应链金融的机制作用比较

技术进步降低了中小企业信用评估的难度，使保理和供应链金融持续发展。2012年至今，亚太地区保理业务已增长近300%。供应链金融2020年预计增长10%。据估计，全球有2万亿美元安全且可随时融资的应付款，贷款机构和中小企业在供应链金融方面还存在广阔的空间。保付代理是亚太地区中小企业融资的成熟方式，而供应链金融（也称为反向保理）是一种较新的融资方案。保理和供应链金融都是以发票作为基础资产为企业融资，但方式相反。保理的主要好处是为卖方企业提供即时流动性，通过第三方保理商购进卖方企业发票并预付发票金额，帮助卖方在未发货发票到期之前取得应收货款。而供应链金融的核心优势之一是提高买方对卖方企业的议价能力，并使买方有更多时间来筹集所欠资金。供应链金融通过第三方贷款人先替买方支付应付款，再延长其偿还期限，从而给予买方更多时间筹措资金。因此，供应链金融对买卖双方都有利，使卖方能快速获得现金，又允许买方延迟偿还期限，从而促成商品交易。

资料来源：*Asian SMEs during COVID-19 and the Role of Supply Chain Finance*，www.bcrpub.com。

BCR咨询：供应链金融参与者在新形势下的生存和发展

供应链组织及业务合作伙伴间的通信、数字化连接和数据交换正得到前所未有的重视。供应链金融领域正在发生的变革包括全线自动化、广泛数字化、通过API实现实时连接、多方验证、在业务流程和系统中采用电子安全签名以减少物理交互、对请求资金和上传发票等操作进行代币验证等。新技术的发展加速了供应链流程的全面数字化，分布式账本技术的使用正在增加，该技术不需要实体文件，所有信息以电子形式存储，从而保证了信息真实性。然而，由于DLT缺乏完善的监管，其对供应链金融的影响有限。企业方面，一家企业的数字化服务越是直观、灵活和可靠，那么它就会越成功。但需要注意的是，在当前环境下，由于许多中小企业的现金储备已经耗尽，为维持现金流而导致的欺诈行为预计会增加。金融机构方面，调查显示，银行对贸易融资的长期前景仍持乐观态度并渴望增加投资，供应链金融已被确认为银行的增长重点之一。

资料来源：*How Can SCF Players Survive the New Reality*，www.bcrpub.com。

英国央行：央行资产负债表作为货币政策工具的过去、现在和将来

过去十年，央行货币政策转向了利用央行资产负债表形成货币刺激的方式，即通过购买国债等资产（量化宽松）来投放货币。2020年的危机并非源于银行体系，而是来自非银部门。回购等传统货币政策工具起到了稳定形势的重要作用，但却难以迅速、大规模地将流动性投放给非银部门，因此央行还需要大规模购买资产。央行资产负债表已成为重要的直接货币政策工具，而不仅是稳定价格和满足银行流动性过程中的副产品。通过避免因金融市场急剧承压而导致实际利率骤升，量化宽松阻止了市场压力向整个宏观经济的传导，有效缓解了本次危机。未来，最好应确保央行资产负债表在需要时有足够的扩张空间：可根据市场上可供购买的资产存量来判断剩余空间，也可通过扩大资产购买范围来创造空间，不过这会增加央行的风险管理难度。

资料来源：*The Central Bank Balance Sheet as a Policy Tool: Past, Present and Future*，www.bankofengland.co.uk。

美联储应急调控工具的使用和影响

美联储的政策措施可概括为四个领域：一是促进市场功能恢复的公开市场操作，二是改善短期资金市场流动性的措施，三是与美国财政部合作推出的促进贷款流向家庭、企业的计划，四是激励银行在困难时期支持经济的措施。2020年3月到4月，美联储历史性地加大了对已有工具的使用力度，并创造了9项新的货币政策工具。美联储首先推出了一级交易商信用便利工具（PDCF）、货币市场共同基金流动性工具（MMLF）和商业票据融资支持工具（CPFF），旨在恢复作为市场命脉的短期批发资金市场。随着市场情况改善，三种工具

的使用开始减少或稳定。在所有新工具中，薪资保障计划流动性便利工具（PPPLF）的增长最为明显，自4月中旬推出以来使用量稳步上升。市政流动性便利工具（MLF）向地方政府提供了12亿美元的1年期资金。定期资产支持证券贷款工具（TALF）旨在改善消费者、小企业和商业贷款的融资环境。主街贷款计划（MSLP）向中小企业提供贷款。一级市场公司信贷工具（PMCCF）向无法通过其他渠道获得足够贷款的大型投资级企业提供过渡性融资。二级市场公司信贷工具（SMCCF）帮助美联储购买公司债。上述工具的使用率总体来看不高，但效果较为明显。

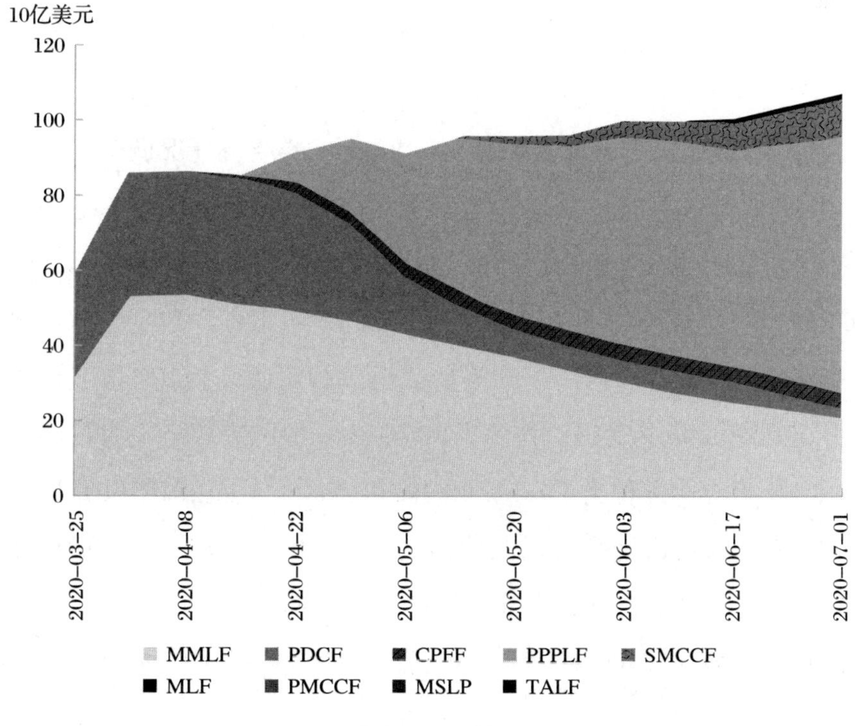

图3 美联储货币政策工具余额

资料来源：*The Fed's Emergency Facilities: Usage, Impact, and Early Lessons*，www.federalreserve.gov。

英国央行：Libor已进入终局

基准利率改革开展多年来，基于Libor的市场已大幅萎缩。2020年3月、4月的市场波动进一步凸显了Libor缺乏真实交易基础的弱点：央行利率在下降，而Libor却在上升。英国央行的SONIA利率是英镑市场的替代利率。挂钩SONIA的衍生品市场已较为成熟：挂钩SONIA的掉期份额大致等于挂钩Libor的份额，并在持续增长；Libor挂钩期权的交易量在减少，而SONIA期权市场正在上升；2020年上半年SONIA期货也有所增长。挂钩复合SONIA的债券发行总计超过1850亿英镑。2019年4月以来，公开发行的SONIA挂钩证券化产品超过200亿英镑。目前，英国政府已计划通过立法确保基准利率改革有序进行。

资料来源：*Libor: Entering the Endgame*，www.bankofengland.co.uk。

日本央行：日本金融业对Libor终止的准备情况调查

调查面向银行、券商、保险等近300家日本金融机构，调查结果表明，尽管金融机构为应对Libor终止所作的准备总体上有一定进展，如认识到Libor终止将带来的挑战和确认相关合约，但仍需开展进一步工作，包括采取更多具体行动以及在现有合约中加入备用条款等。截至2019年底，约30%的受访机构为解决Libor终止问题成立了专门工作组，80%~90%的受访者至少大致确定了会受到Libor终止影响的业务种类。Libor相关敞口方面，截至2019年6月，贷款等资产、存款等负债以及衍生品的名义价值约为164万亿日元、35万亿日元和6300万亿日元，50%~60%的合约将在2021年底以后到期。

资料来源：*Financial Institutions' Preparedness for LIBOR Cessation and Future Actions with a Focus on the Results of the Joint Survey by the Financial Services Agency and the Bank of Japan*，www.boj.or.jp。

FSB：发展中国家BigTech金融的现状和风险

与发达经济体相比，发展中国家的大型科技公司（BigTech）向金融领域的扩张通常更为迅速和广泛。一方面，BigTech的金融扩张带来诸多好处，包括提升金融服务效率和便利程度、降低成本和满足个性化用户需求。另一方面，BigTech的业务扩张也带来风险。首先，如果BigTech是某些用户主要的甚至唯一的金融服务商，可能造成此类市场的垄断。第二，BigTech的操作风险可能较高，尤其是在通信和金融基础设施较薄弱的环境中。第三，来自BigTech的竞争还可能降低传统金融机构的盈利能力和韧性，促使后者开展高风险业务。对BigTech应采取“相同风险—相同监管”的监管原则，同时应根据其业务规模和范围调整监管框架。

资料来源：*BigTech Firms in Finance in Emerging Market and Developing Economies*，www.fsb.org。

美联储：美联储数字货币研发进展

数字货币既带来机遇，也带来侵犯隐私权、非法活动和威胁金融稳定等风险。比特币和随后出现的具有潜在全球影响力的稳定币在法律、监管、社会等方面的问题，加剧了要求以央行数字货币（CBDC）作为国家支付系统支柱的呼声。美联储正积极开展与分布式账本技术和数字货币潜在用途相关的研究实验。鉴于美元的重要作用，美联储认为必须站在CBDC研究和相关政策制定的前沿。过去几年，美联储一直在其技术实验室开展内部实验，构建和测试一系列分布式账本平台，以了解潜在机会和风险。一个政策小组正在研究数字货币对支付生态、货币政策、金融稳定、银行以及消费者保护的影响。波士顿联邦储备银行还与麻省理工学院合作，研究构建和测试一种由央行使用的数字货币。此外，美联储还通过参加央行间CBDC联盟共享资源和开展合作。

资料来源：*An Update on Digital Currencies*，www.federalreserve.gov。

BIS工作论文：数据在衡量企业信用中对抵押物的替代

抵押品是为解决贷款人对借款人不够了解（信息不对称）时的困难（代理问题），因此银行通常要求借款人抵押房地产等有形资产。而大型科技公司（BigTech）通过使用大量数据来评估企业信用，降低了贷款市场对抵押品的依赖。在对中国200多万家同时接受BigTech蚂蚁金服和商业银行贷款的企业进行分析后发现，BigTech贷款与当地商业环境和房价无相关性，而对交易量等企业自身经营状况反应强烈。相比之下，银行的信用贷款和担保贷款发放对当地房价的反应较强，因为房价变化中包含了企业经营环境和信用状况的有用信息。由此可见，基于机器学习和大数据的BigTech贷款服务的推广可能降低抵押品在贷款市场中的重要性。

资料来源：*Data vs Collateral*，www.bis.org。

BIS工作论文：央行数字货币兴起的动因、方式和技术

央行数字货币（CBDC）当前备受关注，但各国发行CBDC的原因、政策和技术不尽相同。大多数CBDC项目开展于数字化和创新程度高的经济体。零售CBDC在具有较大规模非正规经济的地区发展更快。目前没有试图取代现金的CBDC项目，而都以提供现金的数字化补充为目的。技术上，越来越多的央行考虑混合架构，即CBDC是对央行的一种类似现金的直接债权，由私营部门经营所有面向客户的支付活动。只有少数央行考虑直接架构，即由央行承担部分或全部面向客户的支付。各国目前倾向于采用分布式账本技术作为CBDC的技术基础，而非使用传统基础设施。CBDC的获得方式倾向于基于账户，而非基于代币的匿名技术。大多数零售CBDC项目聚焦于服务国内。

资料来源：*Rise of the Central Bank Digital Currencies: Drivers, Approaches and Technologies*，www.bis.org。

2020年1—12月商业汇票业务数据

上海票据交易所

单位：亿元

时间	承兑发生额		贴现发生额		转贴现发生额		质押式回购发生额	买断式回购发生额	承兑余额		贴现余额	
	银票	商票	银票	商票	银票	商票			银票	商票	银票	商票
2020年1月	18947.08	3816.38	13485.96	1330.35	29856.96	4030.48	10219.31	100.65	110193.74	18906.53	76108.04	6514.20
2020年2月	11645.76	1276.51	10027.60	575.62	26912.62	1584.26	8997.35	90.61	109677.77	18469.67	78248.77	6547.62
2020年3月	21879.57	2835.58	17137.80	1008.71	54687.65	4991.51	16479.50	144.17	115440.13	18813.54	84337.37	6785.81
2020年4月	17219.42	2566.60	12339.16	862.29	56069.32	2941.21	18399.68	91.66	119912.19	19078.65	88140.45	6979.29
2020年5月	14894.67	2526.52	10280.93	714.26	36211.87	1893.46	21794.77	280.65	122042.51	19283.12	89918.71	6963.20
2020年6月	15545.40	3643.36	9876.72	922.34	33656.61	2235.17	16282.11	368.50	122388.23	19540.03	90014.10	7030.79
2020年7月	13187.51	2747.42	7534.54	714.32	31278.46	1840.63	18288.68	516.09	120241.73	19266.00	87262.37	7021.39
2020年8月	12004.29	2747.92	6897.24	696.12	24374.54	1642.97	17176.07	448.69	119993.94	19679.50	85146.79	7105.18
2020年9月	14657.66	3004.29	8031.62	855.26	26248.37	2068.13	19948.52	545.79	118866.77	20276.32	82218.29	7222.99
2020年10月	11201.31	2376.84	6138.10	545.64	21167.06	1978.34	13586.24	481.16	116508.55	20533.65	79673.96	7172.46
2020年11月	14060.95	2827.99	8682.07	779.57	27027.95	2379.52	15647.66	628.50	116837.19	20973.23	79468.52	7201.38
2020年12月	19473.18	5849.79	13386.46	1322.08	42108.90	3880.51	18578.94	748.23	118013.95	22890.77	80500.12	7279.34